墨香财经学术文库

"十二五"辽宁省重点图书出版规划项目

The Impact of Entrepreneurial Ability on Entrepreneurial Success

A New Perspective of Entrepreneurial Environment

李中斌 涂满章 肖平◎著

创业能力对创业成功的影响

创业环境新视角

东北财经大学出版社
Dongbei University of Finance & Economics Press
大连

图书在版编目（CIP）数据

创业能力对创业成功的影响：创业环境新视角 / 李中斌，涂满章，肖平著．
—大连：东北财经大学出版社，2022.12
（墨香财经学术文库）
ISBN 978-7-5654-4697-9

Ⅰ.创…　Ⅱ.①李…②涂…③肖…　Ⅲ.创业-研究　Ⅳ.F241.4

中国版本图书馆CIP数据核字（2022）第218871号

东北财经大学出版社出版发行
大连市黑石礁尖山街217号　邮政编码　116025
网　址：http：//www.dufep.cn
读者信箱：dufep @ dufe.edu.cn
大连永盛印业有限公司印刷

幅面尺寸：170mm×240mm　字数：201千字　印张：12　插页：1
2022年12月第1版　2022年12月第1次印刷
责任编辑：石真珍　责任校对：孙平
封面设计：冀贵收　版式设计：原皓
定价：48.00元

教学支持　售后服务　联系电话：（0411）84710309

如有印装质量问题，请联系营销部：（0411）84710711

前言

未来一二十年是中国创业者最好的时代，因为未来20年还有相对稳定的人口基础。人口是创新力之源，是支撑庞大市场的基石。20年后，中国人口将开始缓慢下降，创业机会将随着人口减少而逐渐萎缩。[①]2014年9月，在夏季达沃斯论坛上，李克强总理提出了一个全新的理念——“大众创业、万众创新”。他提出，借改革创新的“东风”，在960万平方千米的土地上掀起一股“大众创业”“草根创业”的新浪潮……形成一种“万众创新”“人人创新”的新态势。自此，创业的热潮从未消退过，市场上涌现出无数创业者，在自己的创业道路上努力拼搏，一大批创业企业如雨后春笋般涌现。诚然，创业能够直接带动市场经济的发展，能够促进经济结构的转型升级，创业不仅是一股热潮，也成为活跃市场经济的重要因素。然而，创业并不是简单的事情，创业的成功依赖于太多的因素。学者们经过研究，大都认为创业者个体的特征和能力是其中非常重要的影响因素。同时，政府所颁布的一些政策法规、市场上竞争对手以及消费者的动态等，也会直接或间接影响创业企

① 李志刚. 2020年后新巨头将在这八大领域诞生［J］. 企业观察家，2020（3）：26-31.

业在市场上的生存与发展。

学者们对于创业成功的影响因素做了大量探讨，但已有文献较少以民营企业为对象开展研究。民营经济是我国市场经济不可或缺的一部分，也是经济发展的重要驱动力，而创业者是我国经济发展的重要参与者，探讨创业者个人能力对其创业成功的作用程度及作用路径，分析创业环境在这个过程中的影响，进而提出促进创业者实现个人创业成功的对策建议，具有重要的现实意义。本书在总结前人研究成果的基础上，以民营企业的创业者为研究对象，首先对创业成功、创业能力以及创业环境的衡量和评价维度进行梳理，在此基础上探索创业能力对创业成功产生的影响，以及创业环境在二者关系中发挥的调节作用。本书通过问卷调查的方式收集创业者的个人创业能力、创业成功以及所处的创业环境等数据，再利用相关统计软件对数据进行相应分析，最后通过具体案例对相关研究结论进行验证和拓展。本书的主要研究结果如下：

第一，创业能力所包含的各维度与创业成功显著正相关。统计分析结果表明，资源整合能力对创业成功的影响最大，时间管理能力对创业成功的影响最小，即各项创业能力按影响创业成功的程度由高到低排序分别为资源整合能力、团队合作能力、人际关系处理能力、战略规划能力、机会识别能力、自我学习能力、解决问题能力、时间管理能力。

第二，创业环境部分维度在创业能力与创业成功间起到调节作用。具体而言，资金来源、政策环境和市场环境三个维度都在创业能力与创业成功的关系中起到正向调节作用，而只有教育背景并不影响创业能力对创业成功的影响效果。

第三，基于以上研究结论，主要从创业者个人和政府两个层面提出相应的对策和建议，以期营造良好健康的创业环境，帮助创业者更有效地实现创业成功，进一步促进市场经济的稳步健康发展。

本书是福建省社会科学规划项目“深化福建省人才发展体制机制改革的精准配套研究”和福建农林大学本科教育教学改革研究重点项目“基于闽台区域特色的现代农业经济管理人才培养研究”的成果之一，由李中斌、涂满章、肖平合作撰写，由李中斌完成统稿。本书中既有理论探讨，又有实务分析，相信对企业管理领域的理论研究者与实践者均有所助益。本书在写作过程中得到了福建农林大学有关领导的大力支持和帮助，同时，本书参阅了许多专家、学者及企业管理部门提供的宝贵资料，得到了众多学术界、企业界朋友的大力协助与支持，在此一并致以深深的谢意。书中错漏之处在所难免，欢迎专家和读者朋友批评指正。

作　者

2022年9月于福州

目录

1 绪论

1.1 研究背景

未来一二十年是中国创业者最好的时代，因为未来20年还有相对稳定的人口基础。人口是创新力之源，是支撑庞大市场的基石。20年后，中国人口将开始缓慢下降，创业机会将随着人口减少而逐渐萎缩。①

管理学家彼得·德鲁克认为："创业型社会的出现可能是历史上的一个重要转折点。"当前，世界经济的发展不断面临新的机遇和挑战，各经济主体不断加强合作，寻求创新。在经济全球化的进程中，创业无疑发挥着重要的作用。创业推动了产品的设计、质量和体验的不断更新，提高了人们的物质和精神生活的质量；创业搭建了新理念、新技术和新模式向产品和服务转化的桥梁；创业推动了经济领域的改革创新，提供了经济发展更多的可能；创业制造了大量就业机会，是保持社会稳

---

① 李志刚. 2020年后 新巨头将在这八大领域诞生［J］. 企业观察家，2020（3）：26-31.

定和进步的强有力的发动机。有人提出创业的重要性可以从三个方面得以体现，即创新、新创企业的数量以及就业机会的创造。

创业概念的出现以及创业经济的形成冲击了社会对于经济发展的传统认识，也改变了人们对于中小企业的一般看法。在当前“大众创业、万众创新”的时代背景下，各地都在为促进当地的创业发展提供良好的条件，在为创业者营造良好的创业环境、优化创业审批流程、给予政策和资金扶持方面都不遗余力。学术界同样与时俱进，将新的理念结合不同社会、经济环境特点融入对创业的研究，为现实的创业活动提供理论借鉴。为使年轻人增强创业意识、增进对创业知识的了解，各国高等学校纷纷开设创业学课程。以美国为例，创业学教学已经形成一个较为完整、连贯的体系，学生从小学便开始接触创业学知识，一直延伸至研究生阶段。中国的高校近年来也已将创业、就业的教学纳入了一般课程体系当中。创业学已经成为一个相对独立的管理学分支，其研究的内容、成果和学科体系已经得到理论界的广泛认可。实践是理论的基础，科学的理论又指导实践，创业理论的研究从实践中来，又到实践中去，引导和支撑着各国创业政策的制定和创业活动的实践，发挥着重要的理论先导作用。

2018年11月1日，习近平总书记在民营企业座谈会上讲话时指出：“40年来，我国民营经济从小到大、从弱到强，不断发展壮大。截至2017年底，我国民营企业数量超过2 700万家，个体工商户超过6 500万户，注册资本超过165万亿元。概括起来说，民营经济具有‘五六七八九’的特征，即贡献了50%以上的税收，60%以上的国内生产总值，70%以上的技术创新成果，80%以上的城镇劳动就业，90%以上的企业数量。”[①]《中共中央　国务院关于营造更好发展环境支持民营企业改革发展的意见》指出：“改革开放40多年来，民营企业在推动发展、促进创新、增加就业、改善民生和扩大开放等方面发挥了不可替代的作用。”

40多年的风风雨雨，取得的辉煌成就离不开创业者们的辛勤探索

① 习近平．在民营企业座谈会上的讲话［M］．北京：人民出版社，2018.

和不断努力。一方面，创业者创办新的企业，除了能够获得财富、实现自我价值，更重要的是为国家创造了税收收入、为当地解决了就业问题，这些都为国家富强、人民富裕贡献了力量。另一方面，创业企业的产品定位大多聚焦于高新技术领域，致力于新兴科技的研发和应用，这与目前我国着力实现经济体制改革、传统产业升级换代，实现资源节约型、环境友好型经济的发展目标不谋而合，是提高我国产业竞争力、全面实现可持续发展的一大助力。还有一点不可忽视，那就是创业有助于改善民生。创业有助于提供就业岗位、保障人民生活，进一步拉动内需，国家为此也出台了一系列鼓励创业的政策措施。

尽管创业的好处众多，但对于创业者而言，创业之路是异常艰辛的。美国商务部的统计资料显示，美国每年新产生的企业数量超过50万家，虽然数量庞大，但其中有40%会在1年内倒闭，有80%会在5年内倒闭，有96%会在10年内倒闭，能活过10年的企业只有4%。“富爸爸”说，创业就像一场没有降落伞的跳伞，从高空一跃而下之后就要抓紧造伞，如果在落地前没能把降落伞造好、打开，想从头再来可就难了。事实上，进入21世纪后，企业的发展面临诸多问题，尤其是近年来在国际贸易摩擦不断升级以及2020年突如其来的新冠肺炎疫情等内外因素的影响下，新创企业举步维艰。创业者是新创企业创建和发展中的最为核心的力量，新创企业能否创立起来并平稳地度过其生存期、获得创业成功，在很大程度上取决于创业者的创业能力以及对外部环境的认知。因此，研究创业者成功背后的创业能力，剖析创业者创业能力、创业成功路径及创业环境的相互关系，探索创业成功的秘诀，是促进创业发展进而促进经济可持续发展的有力保障。

1.2 研究目的与研究意义

1.2.1 研究目的

第一，通过对已有研究的梳理，构建创业者创业能力、创业环境以及创业成功三者作用关系的理论模型。本书将对过往研究做一个较为系统的整理和总结，厘清创业研究的整体脉络，进一步结合具体的研究对象和研究情境，形成研究假设和理论模型，然后运用计量方法，对模型和假设做实证检验，深入探究创业能力、创业环境对创业成功可能产生的具体作用并且找出各变量之间的相互关系。

第二，提炼出影响创业成功的主要能力因素，完善相关创业理论和创业影响路径，并有针对性地提升该项能力，让创业者及其创业团队更有可能获得创业成功。

第三，通过研究帮助创业者找到实现创业成功的关键能力因素，提高创业者的创业意识与能力、环境意识，帮助其认识创业能力、创业环境对创业成功的作用途径，更加明确能力提升方向。

1.2.2 研究意义

（1）理论意义

①深化创业能力研究理论。

本书基于对大量已有文献的梳理，发现创业者创业能力与绩效的关系这一议题20多年来受到了广泛的关注，也有了较多的研究成果，但对于创业能力的研究仍处于初级阶段。创业是当今社会发展的一个热门议题，有很多领域值得开发和探索，诸如在不同的社会环境中创业企业该如何发展以及怎样提升创业能力、提高创业绩效等。本书以中国的民营企业创业者为研究对象，探索在我国的创业情境下创业能力、创业环境和创业成功的关系，为该领域的研究做了一定补充。

②研究模型融合多种创业研究理论。

本书构建的研究模型中，除了探索民营企业创业者创业能力对创业成功可能造成的影响，还引入了创业环境这一要素，作为创业能力对创业成功影响的调节变量。可以说，本书通过文献研究吸收了理论界优秀的研究成果，同时关注到了环境因素在创业能力和创业成功关系之中的特殊作用，综合运用多种理论，让论证更加全面客观，对于丰富创业研究成果是一次有意义的尝试。

（2）现实意义

国民经济的发展和消费水平的提高离不开民营企业的贡献，目前受国际政治和海内外经济形势、新冠肺炎疫情的影响，我国企业的发展并不算顺利，但值得注意的是，创业者创业能力也是影响企业发展的一个重要因素，创业能力欠缺将严重限制新创企业的生存和发展。对于创业者来说，如果能够客观地认识到自身的不足，有自我学习和提升的主观能动性，再辅以一定的方法和手段，便有希望突破创业能力不足的困境，帮助创业企业实现创业成功。本书围绕这一现状和需求，分析创业能力和创业成功之间的关系，探索创业能力的提升机制，为民营企业创业者提高创业能力提供参考，对于促进企业可持续发展具有一定的实践指导意义。

1.3 研究综述

1.3.1 创业研究综述

透过创业可以一窥未来社会经济发展的方向和趋势（朱承亮，雷家骕，2020）[1]，创业也常常被学者和社会人士用作研究企业活动和企业家的重要参考。创业学研究的体系十分复杂，涉及经济学、管理学、社会学和心理学等诸多学科领域（周冬梅等，2020）[2]，各领域的专家学者都试图从自身领域的视角出发对创业进行研究（蔡莉等，2019）[3]，其中涉及各种特有的概念、术语以及复杂的研究方法，这使得对于创业领域的研究过于宽泛，虽百花齐放但尚未达成共识。到目前为止，学术界对于创业的定义还未统一。

“entrepreneurship”（创业）一词由“entrepreneur”（创业者）衍生而来，《牛津英语词典》对“entrepreneur”一词有明确定义，即“特指通过开办或运营一定需要承担财务风险的商业活动来获取经济收入的人”。由此可见，此处的创业指的是为了获取经济收入而开办或运营一定需要承担财务风险的商业活动。在我国，《辞海》对“创业”一词的解释是“创办事业”。在我国相关政策及文件中，创业是就业的一种重要形式，进一步深化了创业即“创办企业或自我雇佣”的理念。在学术研究中，不同的学者因学科背景及研究侧重点的不同，对创业的界定也不同。Low和MacMillan（1988）[4]认为创业就是创办新的企业。Singh（2001）[5]持同样的观点，认为创业就是建立一个新的企业。Shane和Venkataraman（2000）[6]认为创业是一个商业领域的概念，基于这个概念我们可以观察和理解创业者的行为，包括产生新的理念和思想，识别新的机会，以及怎样运用各种资源和方法去促成机会的转化，最终产生各种创业结果。Gartner（1990）[7]将德尔菲法引入创业研究，认为应该从两个方面去解释创业这一概念：创业者个人特征和创业活动的结果。创业者个人特征具体涵盖创业者的个性特征、创造力、与众不同点、对新事业的追求；创业结果即创业者创立组织并成为组织的所有者和领导者、带领组织创造价值、获得利润。不同领域的学者对创业定义的表述具体见表1-1。总体来看，虽然这些定义的表述不同，但其对创业本质的理解是基本一致的，即创业活动强调抓住机会、组织资源、承担风险、创造价值（董保宝，2014）[8]。正如Mokaya（2012）所总结的，创业的过程涉及创造与创新、了解环境、识别并评估机会、整合资源；从结果角度看，创业意味着成立新企业，开始新的商业活动，在“5G+工业”时代，创新创业越来越重要，并表现出变革性、高风险性、高回报性的特点（武巧珍，2020）[9]。

表1-1 **创业定义整合表**

定义的焦点	作者	定义/解释	定义中的关键词
识别机会的能力	Knight（1921）	成功地预测未来的能力	成功；预测未来
	Kirzner（1973）	正确地预测下一个不完全市场和不均衡现象在何处发生的套利行为与能力	正确；预测；不完全市场和不均衡现象
	Leibenstein（1978）	比你的竞争对手更明智、更努力地工作的能力	更明智、更努力地工作
	Stevenson，Roberts and Grousbeck（1985）	是洞察机会的能力，而不是已控制的资源驱动了创业	洞察机会

续表

定义的焦点	作者	定义/解释	定义中的关键词
	Conner（1991）	按资源观点，从根本上来说，辨识合适投入的能力属于创业者的远见和直觉，但目前，这种远见下的创造性行为还未成为资源理论发展的重点	辨识合适投入；远见和直觉
获取机会的能力	Stevenson, Roberts and Grousbeck（1994）	根据已控制的资源去获取机会	已控制的资源
	Shane and Venkataraman（2000）	创业就是发现和利用有利可图的机会	发现和利用；有利可图
	The US National Commission on Entrepreneurship（2003）	不断的变化会产生创造财富的新机会，（创业就是）经济（主体）利用这些新机会的方式	不断的变化；利用
机会能力与资源能力	Stevenson（2002）	个人或者组织不拘泥于当前的资源条件去追寻机会，将不同的资源组合，以利用和开发机会并创造价值的过程	机会；资源；创造价值
	张玉利（2008）	创业是在资源匮乏前提下的机会追求过程，创业的本质更在于把握机会、创造性地整合资源、创新和快速行动	机会；资源；创新；行动
	全球创业观察（GEM）	创业者通过发现和识别商业机会，组织各种资源，提供产品和服务，以创造价值的过程	机会；资源；创造价值

续表

定义的焦点	作者	定义/解释	定义中的关键词
风险	Long（1983）	不确定性和风险	风险
	Ronstadt（1984）	通过承担权益、时间和职业承诺等风险来为产品及服务提供价值	风险；价值
创建新组织与开展新业务的活动	Schumpeter（1934）	进行新的结合	新
	Cole （1968）	发起、维持和开展以利润为导向的有目的的业务活动	发起、维持和开展；有目的
	Vesper （1983）	开展独立的新业务	独立的；新
	Gartner （1985）	建立新组织	建立；新
	The Academy of Management（1987）	创办和管理新业务、小企业和家族企业，创业者特征和创业者的特殊问题	创办和管理；新、小、家族；创业者；特殊
	Low and MacMillan（1988）	创办新企业	创办；新

资料来源：Jerome和Bambur（2013）[10] 以及作者自己整理。

从表1-1中可以看出，学者们对创业的理解和定义可谓百花齐放，涵盖了“风险”“机会识别”“资源整合”“开始新的商业活动”“创建、创造”等意思。本书将创业理解为：创业是个体或企业受现有市场机会指引，整合相关资源，在合理应对风险的情况下，在现有企业外部独立开始新商业活动的行为。具体而言，第一，创业建立在一定的“机会”基础上；第二，创业涉及整合多方面的资源；第三，创业面临风险不确定性；第四，创业意味着新开始的商业活动是独立于现有企业的。尽管视角有所不同，但这四个方面都是围绕着创业者的重要性而展开的。

1.3.2 创业者研究综述

（1）创业者内涵研究

创业行为以创业者分析并识别潜在创业机会为前提，是创业者充分开发已有资源，实行综合管理以实现创业机会向成果转化的一系列活动，是一个持续的过程（Gartner，1985）[11]，是为了让新企业成长和壮大的行为任务的集合（王秀峰，2016）[12]。在这一系列任务形成组合的过程中，创业者肩负分析与开发创业机会、整合各方资源的重担，发挥着核心的作用。英国经济学家坎蒂隆（P. R. Cantillon）在他1755年出版的著作《商业性质概论》中最先提出“enterpreneur”这个词，此后其在经济管理领域得到了广泛的应用。坎蒂隆认为，创业者是企业生产经营活动的组织和推动者，要做出决策并承担一定的风险。自此，学术界掀起研究创业者概念的热潮，学者们纷纷从不同的角度出发给出自己的见解：亚当·斯密的《国富论》一书定义了企业家角色，认为是企业家计划与组织了企业活动，这是“创业者”最初的概念；Schumpeter（1934）[13]从创新的角度出发，认为创业者在企业创新中发挥重要作用，主导了企业的创新活动，并且实现从创新概念到创新成果的商业转化，提高企业内在经济效益；Kirzner（1978）[14]和Livesay（1982）[15]将创业者与创业机会结合在一起，认为创业者是能够分析与识别市场中的创业机会，通过资源整合将这些创业机会开发至极致并能从中获取收益的人；Drucker（1984）[16]认为创业者不是一个循规蹈矩的形象，创业者从事的是创新型的事业，一定具备突破传统束缚、寻求改变和变革的勇气和特质；Birley和Westhead（1993）[17]认为创业者从事的应是对自己而言全新的事业，并且至少要建立或者拥有一家或几家企业；Bruyat和Julien（2001）[18]认为创业者是创业的主力，创业所需的各种资源如果没有创业者的整合将无法实现其自身价值；Timmons和Spinelli（2007）[19]对创业者的特征进行了总结，认为主要有四个方面：组织管理资源并承担风险、识别市场机会并从中获利、拥有持之以恒的创业精神以及及时转嫁风险。同时具备这四个方面特征的人可以被称作创业者。

Vesalainenm和Pihkala（1999）[20]将所有对创业的解释划分为两个学派：环境学派和人类学派。环境学派希望通过对本地环境和基础设施结构的分析，找出环境因素对创业的影响，同时通过社会对创业的理解与态度观察和分析当地的文化因素。人类学派强调，在创业中人起到最重要的作用，即创业者要具备独特的性格特征，比较常见的就是对成功的强烈欲望与追求。

国内学者张秀娥和郭宇红（2012）[21]认为对于创业者的理解有广义和狭义两个层面。广义上的创业者是指所有参与创业活动过程的员工，因为他们对创业企业的建立和发展都做出了贡献；狭义的创业者则是指参与重要创业行动的核心人员，这些核心人员是决定创业能否成功的关键因素，他们具备创业者所必须具备的创新、主动、有一定的风险承受能力等特点。

综合国内外学者的观点，本书认为可以将创业者理解为主导创业活动，在创业全过程中识别与开发创业机会、获取与整合资源、建设与运营产品体系，推动创业活动不断向前发展，引领创业企业实现创业价值的人。

（2）创业能力研究

创业企业要由稚嫩走向成熟，这是一个从生存走向成功的持续不断的发展过程。在发展的过程中，创业企业的技术条件、市场占有率、声誉等各种资源不断得到积累，组织结构趋于稳定，但这些都离不开创建期奠定的良好基础。创建期比成长期更具挑战性，企业在初期面临复杂的内外部环境，所需的资源更加多样。因此，不管处于何种阶段，创业者既要时刻关注外部环境、资源的变化，还要合理配置内部资源与能力，将精力集中在改善企业经营管理上，不断增强企业"内功"。

①创业者能力研究。

致力于创业者能力研究的学者众多（Sanchez，2013）[22]，研究成果也很丰富（Mitchelmore和Rowley，2010）[23]，但到目前为止就创业能力的内涵还没能达成共识（尹苗苗和蔡莉，2012）[24]。唐靖和姜彦福（2008）[25]认为创业能力是一个非常重要的概念，它对个体选择创业的意愿作用显著，同时对新创立的企业的绩效影响显著。

有学者基于个体层面，把创业能力看作创业者的天赋能力（Thompson，2004）[26]，或是能够帮助创业者实现创业目标的特质（Man等，2008）[27]，具体包括性格特征、知识以及技能等（Muzychenko，2008）[28]。Priyanto和Sandjojo（2005）[29]认为创业能力包括发现机会的能力、管理能力、技术能力和行业把控能力等。Chandler和Jansen（1992）[30]分析了创业者在创业活动中扮演的角色

（创业、管理和技术），认为创业能力应该是识别与利用机会的能力和有效的管理能力。Rasmussen等（2011）[31] 认为创业能力包含重新界定机会、资源杠杆化和获取支持的能力。唐靖和姜彦福（2008）[25] 利用实证研究方法得出“创业能力可以归为创业机会识别与开发和运营管理两大类”的结论，张玉利和王晓文（2011）[32] 也得出了相似的观点。

有学者基于组织层面，把创业能力看作组织对新的概念、设计和产品进行有效识别的能力（Rule & Irwin，1988）[33]，抑或组织在识别机会的基础上进一步整合资源开发创业机会并建立市场优势的能力（Arthurs & Busenitz，2006）[34]。Abdelgawad等（2013）[35] 认为创业能力是动态变化的，因为它包括了企业对创业机会的识别、创造、选择和最终实现。董保宝（2014）[36] 认为对创业能力可以做进一步划分：第一个维度是机会能力，具体包括机会识别与开发能力；第二个维度是运营管理能力，具体包括战略管理、组织管理以及承诺能力。郭润萍和蔡莉（2014）[37] 认为如果从机会角度来分析，创业能力包含机会识别与利用能力。Barney（1991）[38] 肯定了创业能力在企业创新和利润获取方面的重要性，认为创业能力能够显著扩大组织的竞争优势。

综合学者们的观点，可以发现对创业能力的研究大多从个体和组织两个层面展开。尹苗苗和蔡莉（2012）[24] 结合已有研究成果，构造了一个创业能力概念体系框架，将个体层面和组织层面整合进概念框架内，认为二者在创业企业的不同阶段发挥着各自的作用：个体层面在创建阶段发挥主要作用，组织层面在成熟阶段发挥主要作用，而在成长阶段二者则存在交互影响。

总的来说，学者们从多个方面对创业能力进行了研究，他们的成果为后人对创业领域开展更深层次的探索提供了很好的借鉴。

②创业能力的结果变量研究。

Ahmad等（2010）[39] 调研了马来西亚的中小企业创业者，并采用结构方程模型对212个样本进行了分析，结果显示创业者创业能力显著影响了企业成功。Chandler和Hanks（1994）[40] 对155家制造业企业的创业者进行研究后发现，他们的创业能力和管理能力对企业绩效有显著作用，帮助企业提高了增长率，扩大了规模。Mitchelmore和Rewley

(2010)[23]采用文献研究法总结了创业能力的维度和测量方式，归纳了创业能力与企业绩效和企业发展之间的关系。任胜钢和舒睿（2014）[41]通过回顾以往文献重点分析了创业能力中的创业网络能力对创业绩效的影响。创业网络能力具体包括网络愿景能力、网络构建能力和网络管理能力，这三种能力分别对应着创业者的网络“潜力”、网络“行动力”和网络“控制力”。创业者一旦具有较强的创业网络能力，就意味着他可以更主动地感知创业环境、信息和网络关系价值，建立与发展自身的关系网络，不断获取重要的信息和资源，又可与企业外部信息主体保持密切联系，随时保证自身信息和资源得到有效更新和补充，从而可以更加得心应手地识别、开发创业机会，提升创业绩效。

Man等（2002）[42]调查研究了中国香港153家中小企业，发现创业者创业能力能够对创业绩效产生影响。白景坤和丁军霞（2016）[43]提出了企业探索式创新和利用式创新（双元创新）对企业发展有推动作用，而创业网络能力可以显著影响企业的双元创新，同时认为创业网络能力体现创业者有效利用企业内外部资源的水平，而对资源的整合与开发又是进行创新活动的必要保障，因此创业网络能力通过影响企业双元创新来影响企业绩效。Davis和Sun（2006）[44]认为创业能力有利于企业改善技术发展水平，提高资源利用效率，降低生产成本，获取竞争优势。王旭和朱秀梅等（2010）[45]认为创业能力中的机会开发能力对企业绩效有较大影响。开发创业机会就是在旧有的体系中找到新的突破口，最终结果将是打破市场平衡状态，带来新的增长点。谢雅萍和黄美娇（2016）[46]运用实证方法研究了创业者创业能力与创业绩效之间的关系，结果发现创业者创业能力能够显著影响创业绩效。Ahmad等(2018)[47]验证了创业能力与企业绩效的正相关关系。易朝辉等(2018)[48]基于湖南省313家家庭农场的调研数据，实证检验了创业拼凑、创业能力与家庭农场创业绩效三者间的关系。结果表明：创业拼凑对机会能力、运营管理能力以及家庭农场创业绩效均具有正向影响。

综上，学者们对创业能力结果变量的研究显示，创业者的能力会影响企业的经营绩效及竞争能力，即创业者的创业能力对企业起着至关重要的影响作用（赵文红等，2016）[49]，这是一个值得研究的课题。

1.3.3 创业环境研究综述

（1）创业环境内涵研究

组织理论最先提到了环境因素，Dill（1958）[50] 认为环境是一系列潜在因素，与组织任务和组织决策息息相关。创业活动是一种识别与分析创业机会并在此基础上充分利用已有资源，随着环境的不断变化进行持续创新的一系列过程。随着创业活动的日益兴起，学者们将环境因素纳入创业研究领域，创业环境概念应运而生。Gartner（1985）[11] 基于创业框架定义创业环境，他对创业环境的定义与组织环境中的战略选择论类似，他将创业环境归为企业外部因素的综合，认为创业环境对企业的创立和发展起着相对固定的作用，创业环境是创业过程中的重要一环，起着非常关键但非决定性的作用。Spencer和Gómez（2004）[51] 认为创业环境的实质在于制度环境。整个制度环境又可进一步分为规范制度、认知制度和规制制度。规范制度与文化、社会规范息息相关，反映创业者和创业活动被社会尊重与认可的程度；认知制度包含人们的知识和技能；规制制度则代表政府制定的法律法规、定期或不定期出台的政策等对人们的行为加以促进或限制的内容。叶依广和刘志忠（2004）[52] 认为创业环境是可供开展创业活动的公共平台，由政府和社会共同打造，服务于创新企业的创立和发展。蔡莉等（2007）[53] 对于创业环境的研究基于要素匹配，认为创业主体和创业环境之间密不可分，创业者创业活动的开展有赖于创业环境提供的基本资源要素，创业主体自身也可以做到主动适应创业环境。李金兰（2017）[54] 指出创业环境是指一切有利于企业新创成功的内外部条件的综合，认为内部创业环境与创业者自身特质、创业团队、组织及团队文化等有关，外部创业环境要考虑政策、金融、社会环境等。

Emery和Trist（1965）[55] 认为，依据环境变化对组织的影响程度可以将创业环境分为四个维度，即平静随机型环境、平静类聚型环境、干扰反应型环境、全面动荡型环境，也就是说，创业环境具有随机性、干扰性和动态性的特征。Duncan（1972）[56] 认为环境存在简单与复杂、静态与动态这两种相互对立的特性，在比较复杂且充满动态性的环境中，环境的不确定性将达到极致。Child（1972）[57] 在环境的复杂程度和动态性的基础上，提出丰裕度这一特性，它指的是获取资源的难易程度。Mintzberg（1973）[58]把研究重点放在市场环境上，认为市场环境具有多样、复杂和敌对的特点。Dess和Beard（1984）[59]将创业环境分成动态性、复杂性和宽松性三个维度，认为创业环境不仅为创业活动的开展提供了资源支撑，对企业识别与开发创业机会、进一步发展壮大也起到了重要作用。Lumpkin和Dess（2001）[60]用两分法将创业环境分为动态性和敌对性。Wiklund和Shepherd（2005）[61]将环境分成动态性和宽松性两个维度，并认为这两个维度更能影响企业创业行为。

有学者从构成要素方面对创业环境进行了分类。Fogel（2001）[62]认为创业环境的构成要素包含金融支持、非金融支持、政策条件、社会经济条件等方面。蔡莉等（2007）[53]认为创业环境包括方方面面，有融资环境、政策环境、人才环境、市场环境、科技和文化环境等。全球创业观察（Global Entrepreneurship Monitor，GEM）项目从九个维度评价了创业环境，包括商业环境、金融支持、基础设施、政府政策、国内市场开发程度、政府项目、研发转移、教育培训、知识产权等（买忆媛和甘智龙，2008）[63]。

通过对已有研究的梳理可以看出，虽然理论界对于创业环境维度的划分持有不同的观点，但学者们就创业环境中的资源有限性、要素变动性以及决策的不确定性方面达成了共识，也有学者从其他各方面展开了研究。

（2）创业环境构成要素研究

学者们对于创业环境构成要素的划分也有所不同。Porter（2004）[64]经典的五力模型把企业面临的竞争环境分为五个部分，分别是：竞争对手、客户、供应商、潜在进入者和替代品生产商。Shane和Venkataraman（2000）[6]认为创业环境有社会文化环境、经济环境和政治环境三种。社会文化环境包括宗教文化信仰、风俗人情、社会对创业的认知等；经济环境包含社会财富、国家税收、经济发展形势、通货膨胀率等；政治环境包含法律法规、国家政策、财产的保护和分配等。Saxenian（2000）[65]研究了硅谷地区的移民创业者，认为地区的创业环境受到当地人力资源水平、社会文化氛围、金融服务、经济发展状况和社会服务网络的影响。周丽（2006）[66]认为创业系统包含自然环境、经济环境和社会环境三大类，并设计了具体的创业环境评价指标体系。文亮和李海珍（2010）[67]认为创业文化体系、激励体系、支持体系、市场网络体系和非市场网络体系是创业环境的构成要素。刘畅等（2015）[68]认为创业环境分为有形和无形两种，有形的环境是创业者能够实实在在感受到的，诸如基础设施支持，政府的创业政策、金融政策支持；无形的环境则是比较抽象的市场、服务环境和文化氛围等。李世清（2016）[69]研究了美国持续创新力的来源，认为具备大量优秀人才、发达的金融体系、完备的基础设施和法律法规保障的良好创业环境是关键。张秀娥等（2016）[70]也以美国硅谷为研究对象，根据研究所得，将创业教育和研发成果转化纳入了创业环境的范畴。除上述因素外，安美忱和张卫国（2016）[71]认为个人自然属性环境也是创业环境的一部分，具体包括创业者性别、领导能力和风险偏好等。

（3）创业环境结果变量研究

创业环境作为一个区域性的背景因素，不仅会对创业企业的发展产生直接影响（王转弟和马红玉，2020）[72]，还可能左右创业者的个人意愿和能力。例如，面向全球创业者创业活动开展的研究发现，创业环境首先影响创业机会，包括机会的分配、发展以及最终可以实现的机制等方面，再由这些因素影响创业者创业能力和创业动机，最终达到对创业者创业活动施加影响的效果。Lumpkin 和 Dess（2001）[60]认为创业环境的动态性和宽松性与创业导向互相影响，两者共同对企业绩效产生影响，环境对创业导向和企业绩效起调节作用。Wiklund 和 Shepherd（2005）[61]以小企业为研究对象考察了环境动态性、创业导向和企业绩效三者之间可能存在的影响关系，结论是环境动态性并没有显著影响企业绩效。Ensley 等（2006）[73]发现在环境动态性较高的情况下，创业者行为之间相互影响和转换的关系会对企业绩效的有效性产生不同影响。这意味着当企业处于高动态性的环境中时，要尽量保持内部管理的稳定；当企业所处环境较为平稳时，需要做出适当的改变以增强企业活力。Zajac 等（2000）[74]划分了外部环境的维度，探究了外部环境的变化对创业企业战略战术决策变化的影响，研究认为当创业企业处在动态性较高的环境中时，消费者的需求变化也处于动态变化状态，技术转化难度增大，企业将面临更多的竞争者。这些因素的变化给企业带来机遇和挑战，也迫使企业的领导者设法采取必要的手段解决不断出现的新问题，加大对新产品开发与宣传的力度。Valliere（2010）[75] 用国家层面的创业调查数据对创业环境对创业活动产生的正面影响和作用做了检验分析，认为创业环境、创业机会和创业者能力三者共同构成了创业过程的作用机制，对创业结果产生影响。样本数据显示这些因素保障了创业活动在国家和本地区的正常开展，推动了地区经济的蓬勃发展。

从学者们的研究中可以发现，创业环境会影响创业者创业能力，进而对创业企业的绩效等产生影响，学者们常将创业环境作为一个调节变量进行研究（薛宪方等，2020）[76]。通过文献梳理可以发现，国内外学者对创业环境和创业成功关系的关注还比较少，因此有必要对创业环境中能够影响创业成功的因素进行梳理，分清这些因素能够起到什么样的作用，以及是否存在某种程度上的差别，这些都是本书要研究的内容。

1.3.4 创业成功研究综述

创业者在整合已有资源的基础上，不断努力获取外部资源的帮助，通过对内外部资源的优化整合，创造出更大的经济效益和社会价值，同时，新创企业能够实现预定的目标，并且能够可持续发展，这可以称为创业成功（陈建安等，2014）[77]。取得创业成功的企业的创立者也就顺理成章地被称为成功的创业者。对创业成功的研究主要围绕两个主题进行：一是创业成功的定义和衡量标准；二是创业成功的影响因素。

（1）创业成功测量研究

学术界对创业的研究都绕不开创业成功这个课题。Van Praag 和 Cramer（2001）[78] 在研究创业者对风险的承担能力和自身能力可能对创业成功产生怎样的影响时，通过测量企业劳动力的数量来衡量成功。Korunka 等（2003）[79] 用四个客观标准和两个主观标准共六个标准定义和衡量创业成功：① 企业至少存在了两年。② 企业创办并且运营后，员工数量应该是增加的或者至少应该是保持不变的。③ 这个企业是建立者创立的第一个企业。④ 这个企业是该创业者的主要职业。⑤ 拥有者或者管理者对未来充满信心。例如，“我将稳步保持现状或者进一步扩大企业规模”。⑥自创办企业以来，创业者对企业的发展应该有一个主观上的感觉。例如，创业者认为自己的事业是非常成功的。

有学者认为可以通过比较创业企业的绩效来衡量创业成功。Omri等（2015）[80]搭建了中小企业实现创业成功的概念框架，认为可以通过企业盈利额、月平均收益来衡量创业成功并据此设计了一种围绕月平均收益的创业成功测量标准。Mooradian等（2016）[81]利用以企业绩效为主要内容的单一维度指标衡量了创业成功，除此之外该研究中还涉及对激情、坚持、创新与创业成功之间关系的论证。

尽管用财务绩效可以衡量企业创业成功的一些方面，但仅凭这一点并不能准确证明这个企业的创业活动是成功的（Ahmad等，2011）[82]。因此，Wiklund和Shepherd（2005）[61]构建了两个维度对创业成功进行分析，即财务绩效上的成功和非财务绩效上的成功。Ahmad等（2011）[82]进一步细化了衡量创业企业成功的非财务绩效指标，包括客户满意度、客户忠诚度、管理者和员工满意度、公司的外在形象、员工关系和企业社会责任等方面。

陈建安等（2014）[77]归纳总结了已有研究成果，认为学界主要采用主客观两种测量方式测量创业成功。用来测量创业成功的题项和指标众多且复杂，由此可见创业成功的衡量维度是多元的。现有的对于创业成功的研究多把焦点集中在企业的创立、建设和发展方面。张秀娥和赵敏慧（2018）[83]整理了学界运用主观和客观方法测量创业成功的文献，认为企业的创业成功应该包含创设的成功、建设的成功、发展的成功和创新的成功四个维度。

（2）创业成功影响因素研究

Lussier（1995）[84]梳理总结了已有文献的研究成果，认为创业者创业成功或失败受以下因素的影响：①资金。资金对于任何经济活动而言都是至关重要的，缺少资金意味着一事无成。②战略规划。战略规划是行动的先导，如果创业活动缺少良好的战略规划，创业企业未来将会面临较大的风险。③行业经验。由一个缺少行业经验的领导者领导企业好比盲人过河，很容易遭遇各种各样不可预知的风险，最终导致失败。④管理经验。如果管理者具备一定的管理经验，那么由他所管理的企业成功的概率更高。⑤教育。是否接受教育以及受教育程度影响了创业者的眼界和对事物的深刻了解，一个接受过高等教育的创业者往往能在创业的道路上走得更远。⑥选择正确的产品和服务。产品和服务的质量对企业运作有较大影响，选择过于新潮或者老旧的产品和服务会使创业活动脱离正轨。⑦员工。员工是企业重要的人力资本，要想取得创业成功就必须吸引并留住具备优良素质的员工。⑧良好的簿记与财务控制。保持对公司财务的及时记录并适时采取检查和监督控制有助于企业的成长和发展。⑨专业咨询。外部的专业咨询可以给企业带来新的知识和观点，与时俱进才能不被时代淘汰。

Doutriaux（1992）[85] 认为影响企业早期成功的因素可分为三个主要方面：①公司所处的市场、科技环境等；②创业者或创业团队的经验、特长、知识和个人特质等；③公司初创时所制定的策略。

Van Praag 和 Cramer（2001）[78] 运用模型测度了创业者的风险承担能力和个人能力对创业成功可能造成的影响，得出的结论是：①相比于风险回避者，敢于承担风险的创业者获得成功的概率更高。敢于承担风险并不意味着盲目地、赌徒式地冒险，而是创业者能够在充分做好风险和损失评估的前提下，自身具备迎接挑战的动机和动力，掌握创业的主动权。②成功的创业者往往在智力和能力上异于他人，这些主要得益于其个人天赋、良好的家庭背景和氛围、受到的高等教育。Van Praag 和 Cramer 的主要贡献是说明了盲目冒险无益于创业活动的成功，而要想获得成功关键在于创业者的能力和对以往经验和理论的总结吸收。

Markman 和 Baron（2003）[86] 认为创业者的能力素养应该与创业项目的要求相匹配，当各方面都处于很好的适配状态时，创业活动成功的概率就会提高。具体而言，创业者的个人特征（例如，个人成就动机、识别机会的能力、个人毅力、人力和社会资本、社交技巧）与创业项目的要求越符合，创业成功的可能性就越大。除此以外，他们认为市场力量、产业趋势、新技术的发现等因素也会影响创业成功。

Baron（2004）[87] 认为认知因素和社会因素是影响创业企业成功的主要因素，具体包括与事实不符的思考、认知偏见等。除此之外，Baron 认为创业者要想取得成功，还要具备较强的社交能力，即能够保持与他人的有效沟通。这主要是因为：①创业活动通常由创业团体运作，创业者不是一个人在战斗，因此他必须做好团队的协调组织工作，具备较好的沟通和协调能力。②创业企业的运营离不开与企业外部诸多利益相关者（如当地政府、银行、供应商、潜在顾客、未来员工等）之间的合作，创业者如果能与他们保持良好的合作关系，对企业的发展有利无害。

Cooper（2004）[88]的研究强调了创业者的创业成败与创业团队的构成密不可分。同时，他在美国管理学会2004年年会的主旨发言中提到，团队创业比个人创业更有优势，并且对创业成功的推动作用更强。这主要有两个方面的原因：第一，团队成员的构成具有多样性，成员之间的性格、特质、知识和能力互不相同，这些差异使得优势互补、扬长补短成为可能；第二，以团队为单位可以把更多的资源整合到创业活动中来，解决资源短缺的问题。

综上，创业成功经常受到创业者个人因素、社会因素等多方面的影响，是一个综合作用的复杂结果，需要进一步分析与探讨。

1.3.5 研究述评

创业研究自20世纪80年代兴起以来，激发了众多学者的研究兴趣，诞生了众多研究成果，包括对创业者的定义、作用、行为，以及创业过程等的研究。根据对已有文献的梳理，我们可以总结出，创业领域的现有研究围绕创业者特征、创业环境、创业过程和创业结果四个层面从不同的角度进行了深化和拓展，例如：①创业环境：创业活动所在地的社会、政治、经济、文化环境。②创业者特征，包括个人特征（特质、激励、动机、目标、自我实现、直觉、抱负）、社会特征（创业能力、性别与种族、创业团队、创业经验、社会与家庭背景）。③创业过程：识别机会、利用机会、整合资源、组织建立、业务拓展。④创业结果：创办新企业、绩效发展、退出活动（如上市、兼并、收购、战略联盟和企业解散）。

同时，我们可以发现，针对我国创业情境的具体问题的分析还比较欠缺，还有很多待探索的领域：

首先，对于创业者创业能力的研究主要集中在理论研究方面，基于中国创业情境中民营企业创业者的创业能力构成及与其他变量间的关系的实证检验还比较缺乏。

其次，关于创业成功的定义和衡量问题，业内尚未形成统一观点。有的学者采用创业者的主观感受来衡量创业成功，有的学者主张用财务指标来衡量创业成功，有的学者认为仅用财务指标衡量创业成功存在考虑不周的地方，需要将其他诸如管理、员工和市场等方面的评价指标纳入考虑范围。虽然学者们众说纷纭，还没有形成统一的意见，但也都有了具有代表性的观点和理论，这为本研究奠定了一定的理论科学基础。本研究的观点是，用创业者的主观感受去衡量创业成功最有效：调查民营企业创业者对于本企业的发展前景、核心竞争力、成长速度和财务状况这四个指标的主观感受，只要他认为与同行业的其他企业相比是令人满意的，我们就可以认为他的创业是基本成功的。

再次，有不少学者都对创业成功及其影响因素进行了相关的研究，研究成果表明创业成功的影响因素复杂多样，但他们对其中各个因素的影响程度并未做具体研究和阐述，也并未区分出哪些是主要影响因素，哪些是次要影响因素。

因此，本书将以创业能力作为切入点，创业环境作为调节变量，总结梳理前人的观点，将创业能力和创业环境细分为多种维度，探讨创业能力各维度对创业成功的具体影响程度以及创业环境各维度在其中所起到的不同的调节作用。

1.4 研究内容

本书的研究对象为创业者，主要研究内容为创业能力与创业成功间的关系、创业环境与创业成功间的关系、创业环境在创业能力与创业成功间的调节作用。本书将通过问卷调查和数据分析的方式证实三者间的逻辑关系，区分各个能力因素对创业成功的影响程度大小，找出主要的能力因素，并有针对性地提升该项能力，从而提高创业成功的可能性。

本书的内容结构安排如下：

第1章，绪论。阐述本书的选题背景、研究目的和意义、研究述评、研究的内容和方法以及研究创新点。

第2章，相关理论基础。在查阅大量资料以及回顾国内外创业研究领域的成果和进展的基础上，介绍创业管理理论、组织权变理论、创业能力理论和创业学习理论，这些理论是本书后续研究的出发点和落脚点。

第3章，研究假设与模型构建。首先对创业能力、创业环境和创业成功概念进行界定、制定可量化的指标，然后构建三者关系的理论模型并提出相应的研究假设。

第4章，研究设计。根据前文对各维度指标的分解，确定样本群体，编制对应的调查问卷，并对问卷进行信度、效度检验，确保最后的调查问卷以及所收集的数据真实有效。

第5章，数据分析与假设检验。运用Stata、SPSS等分析软件对回收的问卷数据进行描述性统计以及初步的相关性分析，大致了解各变量间的相关性；重点是运用回归分析方法检验前文对于创业能力、创业环境、创业成功三者作用机制的假设。

第6章，创业者创业能力提升途径。对实证分析的结果进行讨论，根据民营企业创业者实际拥有的创业能力和综合素质状况，比照前人的诸多研究成果，提出有利于提升创业能力、提高创业成功可能性的对策建议。

第7章，主要结论与展望。回顾全文，对本书研究的主要结论进行梳理总结，从中发现尚有不足之处，并对未来的研究方向予以展望。

最后，在附录中提供创业者创业能力分析案例和创业能力的相关思考与应用，这些材料均源自三位作者的积累、创作和研究，理论与实践相结合，供读者参考学习。

1.5 研究方法

本书主要采用以下研究方法：

一是文献研究法。对创业的研究在国内外已经开展多年，学者们从不同角度展开探索，研究成果十分丰富。本书通过大量搜集文献数据，总结吸收现有研究的重要内容，了解研究的最新进展，找出其中有所欠缺或尚待完善的薄弱环节，作为本书的立足点。

二是问卷调查法。在借鉴已开发成熟量表的基础上，结合民营企业创业者实际情况，编制对应问卷，并以问卷调查的方式了解民营企业创业者的创业活动情况。

三是统计分析法。利用Stata、SPSS等统计软件对问卷进行信度、效度方面的检验，以及对问卷结果进行数据量化分析。

四是归纳总结法。根据统计分析结果，归纳创业者创业成功的能力特征，并综合考虑各方面的建议，对提升创业成功可能性提出对策建议。

本书技术路线图如图1-1所示。

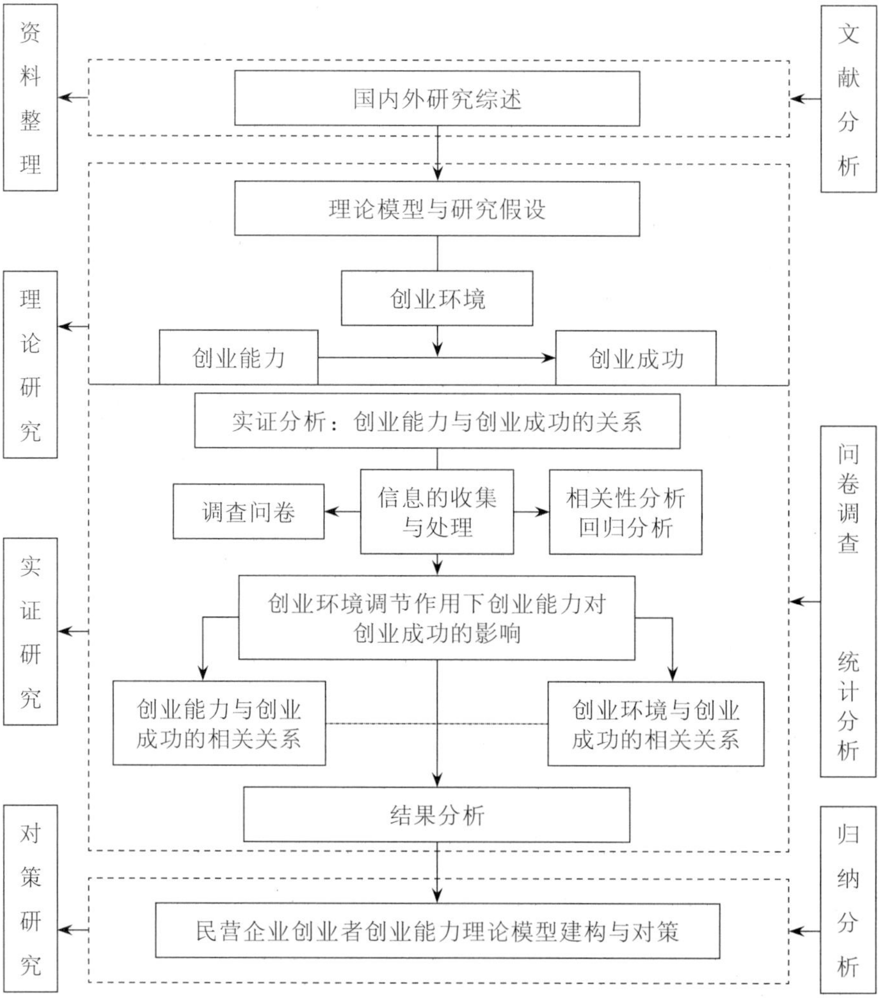

图1-1 技术路线图

1.6 研究创新点

在国家鼓励创新创业的背景下，本书不仅重点探索了创业能力和创业成功之间的关系，还借由最新的研究成果协助创业者制定创业政策，对于指导创业活动的开展有一定现实意义。本书主要有以下创新之处：

第一，现有文献虽然对影响创业成功的因素进行了研究，但对各个因素的影响程度并未做具体研究和阐述，也并未区分出主要和次要的影响因素。本书通过实证分析探讨各因素的具体影响程度，帮助找出关键影响因素，并有针对性地提高主要因素的水平。

第二，已有研究虽然在创业环境的内涵和创业环境对创业成功的调节作用方面有了一定成果，但是较少对创业环境中的各要素对创业成功所起的调节作用展开探讨。本书对创业环境中能够影响到创业成功的因素做了梳理，分清这些因素所起的作用，以及是否存在某种程度上的差别。

2 相关理论基础

本研究以创业管理理论、权变理论、创业能力理论、创业学习理论等四个理论为基础，为后续提出的理论模型、研究假设及创业能力提升对策提供理论支撑。

2.1 创业管理理论

创业管理研究的理论基础包括战略管理理论、领导理论、创新理论、社会学理论和心理学理论等。随着研究的推进，创业研究的焦点也不断扩展。国内外学者提出了一些具有广泛影响力的研究模型，主要包括要素组成型、过程型、战略型、行为结果型四类经典的创业模型。

2.1.1 要素组成型的创业模型

要素组成型的创业模型主要有以下三种：

一是 Gartner（1985）[11] 提出的由创业者、环境、创业过程和组织等四个要素组成的多维度动态创业理论模型。该模型认为新组织的创建是创业活动的具体体现，需要通过整合不同的要素以获得预期的结果。创业者是协调该模型要素的关键因素，影响所构成的网状结构中各要素的作用，这就需要较强的创业者特质。因此，该模型从成就需求、冒险性、控制点等方面，归纳了在新企业创建过程中创业者应具备的特质。

二是 Timmons 和 Spinelli（1999）[89] 提出的商机、资源和团队三要素相互匹配的创业模型。在企业从创建到发展的不同阶段，这三个要素是不断进行动态平衡的。该模型认为识别与开发创业机会是创业过程的开端，对资源的合理配置有利于充分利用创业机会，而创业团队是创业过程的最重要的支撑。该模型强调了创业过程中三要素的动态调整和动态均衡状态。

三是 Sahlman 等（1999）[90] 提出的由人和资源、机会、交易行为、环境四个要素组成的相互协调、相互促进的创业过程模型。该模型重视环境因素对创业的影响，认为环境因素对人和资源、机会、交易行为均会产生作用，同时指出了激励分配、风险共担等交易行为，说明了创业者与利益相关者之间的网络关系，进一步拓展了创业要素的外延。

2.1.2 过程型的创业模型

过程型的创业模型主要有以下四种：

一是 Wickham（1998）[91] 提出的以创业者为主导的企业创建阶段，创业者在该过程中不断学习以实现创业成功。第一阶段，创业者处于资源、机会、组织三要素的核心地位，创业者需要识别机会、管理资源、领导创业组织，这体现了创业者在企业创建中的主导地位。第二阶段，动态学习对创业成败有重要影响，为实现创业的成功，组织和创业者需要不断学习、更新知识，应对困难和挑战。

二是 Lechner 和 Dowling（2003）[92] 提出，随着时间的演进，在创业过程中创业者与新事业之间的关系是动态调整的。该模型强调了创业过程是随外界环境的变化而循序渐进的，同时创业者也要根据创业的不同阶段不断更新知识和能力，以适应企业发展的需要。

三是 Shane 和 Venkataraman（2000）[6] 进一步提升了创业机会在创业过程中的作用，认为对机会的发现和利用贯穿于创业的整个过程。该模型认为创业研究不应仅关注企业的创业过程，还要注重企业的发展。利用创业机会的最终结果包括创立新企业、内部创业、转让机会，这些都属于创业的过程。

四是 Sarasvathy（2001）[93] 提出的基于效果逻辑的创业模型，它从"我是谁""我知道什么""我认识谁"这三个自我反问开始分析创业的过程，在该过程中创业者还需要网络伙伴的支持，获得创业所需要的资源来实现创业的成功。

2.1.3 战略型的创业模型

战略型的创业模型主要有以下三个：

一是 Li（2001）[94] 提出的以新创企业战略为核心的创业模型。该模型认为企业战略会影响环境因素与绩效之间的关系。在行业增长和环境敌对性的影响下，企业会根据环境的变化调整战略方式，抓住市场机会以提高企业的市场绩效和财务绩效。

二是 Jain（2001）[95] 提出，行业机构、管理战略和风险投资都会影响创业企业绩效。该模型关注影响创业企业成长的因素，认为创业者风险投资的导向会影响企业的管理战略，进而决定企业能否创业成功。

三是 Zahra 和 George（2002）[96] 提出的组织因素、国际创业与竞争优势三个变量的关系模型。该模型认为环境因素和战略因素是影响组织开展国际创业的条件变量，能力、差异化、相似性、一般战略、职能战略、进入战略是影响企业开展国际创业的重要战略要素，同时各要素的相互作用能够为企业的成长提供支持，使企业获得国际化的竞争优势。

2.1.4 行为结果型的创业模型

该类创业模型重点关注创业行为发生前创业者的信念、认知、意愿、决策等因素对创业行为所起的作用，主要有以下四个：

一是 Bird（1988）[97] 提出的创业实施模型。该模型认为创业意愿受到理性、逻辑推理与目标、感知与情景思维的影响，并最终作用于创业行为。

二是 Ajzan（1991）[98] 在理性行为理论模型基础上提出的计划行为

模型。该模型认为态度、主观规范和感知行为控制是影响个体创业意愿产生的三大因素，同时感知行为控制与创业意愿共同作用于创业行为。

三是Krueger和Brazeal（1994）[99]构建的创业潜力模型。该模型认为希求性(desirability)感知和感知行为控制间接影响创业意愿的产生，并认为行为倾向和突发因素是该过程重要的条件变量。

四是Elfving（2008）[100]构建的触发事件作用下创业意愿形成的动态过程模型。该模型认为动机、创业目标与创业行为之间存在反馈机制，需要充分考虑各因素之间的相互作用。

通过分析以上经典创业模型可知，现有研究基本上是从资源、机会、环境、人等视角构建模型，并逐渐由创业者的特质观向行为观发展。时间的动态性要求创业者在创业过程中不断调整各个要素，使其在有利或不利的环境下，都能通过不同的战略来实现资源的最优配置（Deniz等，2006）[101]。因此，创业过程的时间维度促使创业研究者不断分析不同阶段要素的变化，从而在更长的时间范围内关注个体的创业行为。

2.2 权变理论

2.2.1 权变理论的核心内容

权变理论（Contingency Theory）的基本假设是组织可用预测的方法对周围条件做出反应并调整组织目的，以尽可能满足市场和其他环境特征的需要。从这个角度来看，生存是组织面对的关键目标或首要任务。环境条件是组织形式发生变化的直接原因。因此，管理者首先必须关注组织和环境之间的匹配程度。不存在一种最优的组织形式，合适的组织形式取决于组织要完成的任务和面对的环境类型。相同的组织履行不同的任务时，有必要采取不同的管理方法；在不同的环境中，应设计不同的组织类型。权变理论认为，环境因素对组织行为有着重要的影响，它奠定了静态权变方法（Static Contingency Approach）的基础，并已成为组织分析的主流观点（傅博达，2005）[102]。

对于静态权变方法，Burns和Stalker（1961）[103]的研究比较典型，他们通过追踪研究不同行业中的企业，在定性研究基础上，提出了从机械式组织到有机式组织的连续统一体。他们认为，在不断变革的环境中，需要更具柔性的有机式组织形式；而在稳定的环境中，机械式组织或高度官僚化的组织比较适合。他们强调组织对环境的适应能力取决于高层管理者的两种能力：用合适的方法阐释企业所面临的环境的能力，以及采取相应的行动方针的能力。

汤普森（1967）[104]在建立适应性的组织行为模式方面提出了权变方法。该方法说明了组织是如何在一些决策者的主导下动态发展的，并且综合考虑了环境和技术对组织结构的影响。其他理论家步汤普森的后尘，也不认同组织特征完全由技术或环境条件预先决定的观点；反之，他们非常强调决策者作为组织和环境的连接者的重要性，而且否认静态权变方法和组织生态理论所坚持的环境决定论。由此，“动态权变观点”（Dynamic Contingency Perspective）便产生了。

动态权变观点有以下三个特征：第一，它把管理选择或战略选择看作组织和环境之间的基础连接；第二，它关注管理者创造、了解和管理组织环境的能力；第三，基于组织和环境领域的相互适应过程，它涵盖了组织和环境互相作用的多种方法。在对创业活动和组织绩效相关关系的研究中，权变理论的指导意义在于，在创业活动向组织绩效转化的过程中，由于受到多种内外因素的影响，组织必须坚持创业导向战略，保持内外部环境与组织结构的一致或匹配，这也是进行理论构建和实证研究的基本指导思想之一。

2.2.2 权变理论在创业研究中的运用

基于权变视角，创业理论方面的很多文献都涉及对创业环境的研究。在创业研究领域中，所研究问题的侧重点不同，描述创业环境的视角也不同。在本书中，权变理论主要用来分析创业环境对民营企业创业者创业能力与创业成功关系的影响。外部环境是动态变化的，创业者的创业行为又是持续进行的，基于权变理论的基本思想，创业者的创业行为要与外部环境相匹配。对于新企业来说，要弄清创业者的创业能力与创业成功之间存在怎样的关系，还要参考其所处的外部环境。因此，利用权变的思想来分析创业能力与创业成功的关系是非常必要的。

2.3 创业能力理论

在Gartner之前，有关创业领域的研究主要关注创始人的特点与企业绩效之间的关系，但研究结论莫衷一是，Gartner（1988）[105]指出应该从行为的视角进行分析，因为行为与绩效最为接近，而创业能力蕴含于创业者的行为之中，于是不少学者转向研究创业者的创业能力，其中Man的相关研究是一个良好的开端。

2.3.1 创业能力的定义

创业能力是一个重要的概念，它不仅对个体创业与否及创业成功与否具有显著作用（Obschonka等，2011）[106]，而且对新创企业的绩效和发展有重要影响（Man等，2008[107]；Ahmad等，2011[82]），因此，理解创业能力的本质和内涵，对于理解其在创业过程中的重要作用、完善已有创业理论并指导创业实践具有重要的意义。Chandler和Hanks(1994)[40]在研究中首次运用“创业能力”一词，并将其定义为“识别、预见并利用机会的能力”。在此之后，不少学者从不同的研究视角对创业能力进行了界定和研究，其中从行为视角对创业能力的界定得到了众多学者的认可，即创业能力是创业者拥有的关键技能和隐性知识，是一种高层次的智力资本，包含知识、技能和态度，最终通过个体的行为来表现，并具有动态性（Man等，2002）[42]，是创业者能成功履行职责的整体能力。经过20多年的研究，学者们对创业能力的本质的认识已达成一致，即把创业能力视为创业者成功识别和追求机会的一系列知识、技能和态度的集合（Lans等，2010）[108]，是一组与创业成功行为有关的特定的属性。Lewis（2011）[109]也指出创业能力是创业者在创业生涯中应具备的属性。张玉利和王晓文（2011）[32]认为创业能力是创业者在创业活动中具备的专门技能，反映在行为层面。

我们可以通过分析创业者的创业行为或活动来判断其创业能力水平

的高低（Lans等，2011）[110]，目前主要采用自我评估法（Markman等，2002）[111]，即创业者自我评估完成具体创业行为所具备的能力水平。Mulder等（2007）[112]为了弥补自我评估法的主观局限性，探索性地对创业能力开展多维评估，即创业者自我评估、内部员工评估和外部咨询顾问评估。研究发现，创业者对自己的评分低于他们的员工和顾问对他们的评分，而且自我评估和员工、顾问评估之间以及员工评估与顾问评估之间存在低度关联。

本书认为，对创业能力内涵的理解应该立足中国的创业情境，结合能力的概念即知识、技能、态度的集合，从创业能力的具体表征行为来把握。因此，本书将创业能力定义为：有利于创业者开展创业活动的潜在知识、技能、态度的综合，是可以通过创业者的行为来观察的，是变化的、可以习得的。创业能力只有在创业实践活动所处的特定情境中，才能从无到有、从不成熟到成熟，创业者所具备的创业能力如果没有转化为相应的创业活动，则是不完备的。可见，创业能力与创业实践紧密联系、相互作用。

2.3.2 创业能力的维度

创业能力是一组与创业成功有关的特定的能力（Mitchelmore和Rowley，2010）[23]，是一个多维度的概念（Winterton，2002）[113]。在过去的20多年里，学者们经过研究认识到了创业能力是一种综合性的能力，其中对机会的识别和开发能力、有效管理新企业的能力、与他人高效沟通的能力等都是创业能力的重要内容。

关于创业能力的维度划分，Man和Lau（2000）[114]提出的六维度（机会能力、关系能力、概念能力、组织能力、战略能力、承诺能力）最具代表性，并被学者们广泛引用。尽管不同的部门和行业对创业能力的不同维度有所侧重，但创业能力的具体属性基本一致（Man和Lau，2005）[115]。随着管理实践的发展，一些创业成功所需的新的能力不断出现。国内学者主要在Man和Lau（2000）[114]的基础上展开研究（杨俊，2005[116]；唐靖和姜彦福，2008[25]；贺小刚和李新春，2005[117]；冯华和杜红，2005[118]），且基本是定性研究。Ahmad等（2011）[82]提出了战略、概念、机会、人际、学习、个人、伦理、家庭等八个创业能力维度。Lans等（2011）[110]为小企业部门建立了一个创业能力框架，该框架包括：管理技能；创新能力；概念和分析能力；客户管理技能；授权和激励技巧；识别和利用机遇的能力；招聘能力；决策能力；领导能力；承诺能力。Gerli等（2011）[119]将效率导向、规划、说服、自信、组织意识、指导他人、团队合作、领导和标杆管理等能力归为创业能力。本书将结合创业的主流观点，基于通过对民营企业创业者的问卷调查所掌握的实际情况，对创业能力维度进行划分。

2.3.3 创业能力提升的相关研究

分析创业能力的影响因素，可以揭示创业能力的产生过程与提升路径。通过梳理国内外相关文献，我们发现较少有学者对创业能力的影响因素进行系统的分析，其研究主要涉及以下几个方面：

① 创业者人口特征，如性别、年龄、家庭背景等（Man等，2002[42]；Basu和Goswami，1999[120]）。Bird（1995）[121]在研究中也建议从教育水平、先前的经验、家庭背景及其他人口变量方面考虑影响创业能力发展的因素。

② 创业者的心理特征，如激情、内在的动机、目标、努力、自信（Markman，2007）[122]，以及认知、学习风格和警觉性（Karra等，2008）[123]等因素。Lans等（2011）[110]指出个人目标、愿望和动机都可能影响创业能力的塑造和发展。国内学者陈书成（2008）[124]也认为创业能力作为能力结构中的一个组成部分，是从属于个性心理这一个大系统的，它必然受到个性心理的影响。

③ 创业者的社会和人力资本因素，如社会网络（Rasmusse等，2011）[31]、先前经验（Man，2006）[125]、教育水平（Haynes，2003）[126]。国内学者张玉利和王晓文（2011）[32]也指出拥有高质量先前经验的创业者更可能采取正确的行动，因此表现出更强的创业能力。

④ 创业者的行为因素，如创业学习（Rae和Carswell，2001）[127]。学者们发现，创业能力是可变的、可习得的，创业者无须在创业前知道所有的事，创业能力的很大部分可以通过在创业过程中不断地学习来获

得（Chandler和Lyon，2009）[128]，创业学习对创业能力有直接的影响，对企业成长有间接的影响，学习过程就是一个能力发展的过程。

⑤创业者所处的文化和商业环境（Man等，2008）[27]及外部刺激（Autio等，2011）[129]等。Man等（2008）[27]指出，创业者早期的成长环境和他们当下所处的经营环境对其创业能力的形成、塑造和发展有重要影响。Ahmad等（2011）[82]通过实证研究也验证了商业环境对中小企业创业者创业能力与企业成功间关系的调节作用。国内学者倪锋和胡晓娥（2007）[130]也强调诸如社会环境、文化价值和个人因素等会强烈地影响创业能力产生和发展的过程。

可见，创业能力会受到诸多因素，包括心理变量（如激情）、人口变量及外部环境等的影响。近年来，将创业学习作为影响创业能力的因素加以研究成为理论热点。但是，目前很少有文献对创业能力的影响因素进行系统的探索和深入的分析，对这些因素如何影响创业能力的形成和发展，其影响程度如何，是不清晰的。根据研究需要，本书将从这些影响因素中提取相关变量作为控制变量，如经验、教育水平、家庭等，并从创业学习着手深入分析创业能力的形成与提升路径。

2.4 创业学习理论

创业学习理论强调学习在创业情境中的应用和发展。通过梳理过去20多年发表在国外有影响力的创业管理专业期刊上的相关文献，我们发现，以Mitchel，Kolb，Rae，Polistis，Cope，Jing Zhang，Man等为代表的一批创业学者从不同的研究视角（主要可概括为认知、经验、网络、能力等四个研究视角），对创业学习开展了卓有成效的基础性理论研究，各视角间既有所交融，又各有侧重。

2.4.1 认知视角

从认知的角度来看，学习是获得和重组知识的心理过程，涉及理解、反思、预测和利用信息等高级心理活动，创业学习研究的任务是找出创业者思考、获得信息并将信息转化为有用的知识的心理过程。

Young和Sexton（1997）[131]把创业学习界定为：集中于“以长时记忆形式存在的创业知识的获取、存储和使用”的问题解决过程。Newman（2007）[132]认为有效的创业学习是一个获取、存储知识，以及利用知识解决创业中遇到的问题的过程。理论界从认知视角对创业学习开展的研究主要有以下两个方面：

（1）尝试分析创业学习过程的影响因素来揭开创业学习的过程，主要关注不同个性、情绪以及认知因素的刺激和影响

例如，Rae和Carswell（2001）[127]研究指出那些有较高自我效能感、较强成就动机的创业者会更主动地进行学习；Cope（2003）[133]强调了在刺激更高层次的创业学习形式时高度的情绪化冲突的重要性。后续的研究强调了个体学习的不对称性对识别创业机会的影响（Corbett，2007）[134]、启发法（heuristics）对学习方式及决策方式的影响（Holcomb等，2009）[135]、个人学习偏好对创业理念产生的影响（Gabrielsson和Politis，2012）[136]等。

（2）关注学习的认知过程与机制，强调创业学习是创业者主动的心理建构过程

例如，Ravasi和Turati（2005）[137]将创业学习看作一个对判断和决策不断进行自我强化的动态过程。Pech和Cameron（2006）[138]则通过对案例的深入研究分析了创业者的认知过程，构建了一个创业者独特的信息处理模型，描述了创业者在创业机会识别中从收到信息到做出决策的信息处理过程。

学习往往涉及个人的认知过程，但认知视角将大脑模式化为信息程序系统，把学习放在“真空”环境中，忽视了学习情境和个人的经验对学习的影响，因此，不少学者从经验视角对创业学习过程进行了探讨。

2.4.2 经验视角

近年来，经验视角逐渐成为创业学习研究的主流。Alice Y. Kolb和David A. Kolb（2008）[139]基于近30年来经验学习理论的成果，强调经验是学习的主要来源，认为创业学习是经验的获取和转化过程，提出了一系列概念模型，并在后续的研究中把失败经历作为切入点来探讨创业学习问题。

（1）不同的经验学习源

① 创业之前的经验，包括创业者早期的生活、职业、创业、正式和非正式活动等方面的经验（Lans等，2004）[140]。

② 创业过程中积累的经验。大部分学者强调“干中学”，创业中关键事件带来的经验尤其宝贵（Cope和Watts，2000）[141]。

③ 间接经验。Sardana和Scott-Kemmis（2010）[142]认为创业学习是一个通过直接经验和替代性经验发展知识和技能的过程。

④ 失败经验。从失败中学习日益受到学者们的关注，如从失败中怎么学、学什么等。面对错误的创业结果时，创业者应该学会认识错误，然后对错误进行反思，重新调整自己的目标并进行新一轮的创业学习，同时保持积极的态度（Politis和Gabrielsson，2009）[143]。Cope（2011）[144]对从创业失败中学习的过程和内容维度进行了深入的分析，认为创业者应该学会摆脱创业失败的负面影响，从心理上走出失败的阴影—对失败行为进行批判性反思—振作精神继续寻找新的机会—从失败中重新崛起；学会在失败中全面认识自己及造成失败的原因，了解自己的关系网络的特性，管理好关系网络并在既定环境下掌握经营新创企业的本领。

（2）几个经典模型

经验视角的创业学习研究关注创业者如何理解他们的经验，如何在经验内化的过程中获取知识（Harrison和Leitch，2005）[145]，强调了经验和认知的统一，并提出了相关模型。例如，Politis（2005）[146]将创业学习看作直接观察或参与新企业创立的相关事件，获取对应“经验”，然后“由经验获取知识”。Corbett（2005）[147]应用Kolb的经验学习理论研究认为，学习植根于经验，学习过程是个人运用现有知识去获得、转化信息从而产生新知识的过程，个人的学习方式可促进对机会的识别和利用。Holcomb等（2009）[135]的创业学习模型不仅解释了直接经验和观察他人的经验这两种学习来源，还强调了启发法、知识和创业者行为之间的相互联系，但该研究没有通过实证分析来检验其观点。

尽管经验视角是目前创业学习研究的主流视角，但它也面临一些挑战：经验学习在解释创业学习的社会化过程方面的作用是非常有限的；在经验学习中反思很重要，但经验越久远，复杂或非结构化程度越高，创业者就越不知道如何反思以及反思什么（Moon，2004）[148]；从失败中学习有重要意义，但失败意味着必须承担高成本，于是创业者会倾向于避免失败的发生。因此，有学者转向从社会网络视角进行研究。

2.4.3 社会网络视角

与认知视角和经验视角不同，社会网络视角基于社会建构主义学习理论和社会活动理论的观点，认为创业学习是发生在个人所结成的关系网络中的互动行为，有效的学习是一个社会化过程（Hamilton，2006）[149]。社会网络视角的创业学习研究始于对小企业的社会网络研究，它强调学习是发生在一个人参与的关系或者社会网络中的互动过程。

这一研究视角将社会网络视作重要的学习系统，且十分强调社会网络学习在创业中的作用，认为所有类型的社会网络学习都是有益的（Zhang和Hamilton，2009）[150]。向外部人学习、从被动学习到主动学习是创业者进行社会网络学习的主要特征，这使它区别于一般的学习行为。社会网络学习行为的产生与其他人有关，也与大量的学习资源有关（Jones等，2008）[151]。创业者不可能单靠自己进行创业学习，与别人经常讨论、合作才是学习的基础，创业者通过向社会网络中的其他人学习来改变自己的行为，并支持和激励自己的活动（Simme，2003）[152]。Rae（2004）[153]构建了一个创业学习三维模型，认为创业的过程其实是个体学会以创业者身份行事、在具体创业情景中学习的过程。Taylor和Thorpe（2004）[154]的研究也认为，创业学习就是创业者与组织内外部成员的互动合作过程。

Zhang和Hamilton（2009）[150]提出了对等网络学习过程模型，他们通过对6名参与培训计划的创业者进行案例分析，构建了一个理解小企业的所有者和经理人在对等网络中的学习过程的理论框架。该研究比较了对等网络学习与其他网络学习类型的价值，指出从对等网络中能够识别出学习机会并能满足多元学习需求，强调有效的对等网络学习需要成员的承诺并建立信任机制，对等网络成员间通过交流能够促进对自身和他人的经验、创业过程中所遇到的类似问题的批判性反思，并最终促进成员个人的发展与管理技能的提升。

2.4.4 能力视角

能力视角将创业学习看作一种能力，借鉴能力分析方法即从输入、过程、产出、环境四个维度对创业学习进行理解，以Man的相关研究为代表。以往的创业学习研究主要分析创业学习的影响因素及创业学习如何发生，对创业学习所包含的学习活动或行为未予明确（Mitchelmore和Rowley，2013）[155]，而能力视角更加强调创业学习过程中的可观察到的学习行为。

Man（2006）[125]采用半结构化访谈的方法访谈了12位企业家，分析他们在企业创立前和创立过程中发生的重大事件中的学习行为，发现存在6种创业学习的行为模式：积极寻找学习机会、有选择和有目的地学习、深度学习、持续学习、对经验进行提炼和反思、将经验应用到实践中。之后，Man（2012）[156]在已有研究基础上，基于对创业学习的能力方法的理解，初步构建了创业学习的概念框架（如图2-1所示）。该框架包括：学习输入端（创业经验、个人特征）—学习过程端（学习行动）—学习结果端（其他创业能力或其组成部分）—学习环境端（组织、外部的社会环境所提供的社会互动）。然后，他根据研究需要与访谈结果，对概念框架进行了修正与补充，得到如图2-2所示的以学习行为为中心的创业学习模型。这些行为表现为三个转化过程，即通过开展创业活动积累创业者的经验，通过巩固经验形成创业者的知识、技能和态度，在执行有关任务时，应用自己和他人的学习成果。学习行为在三个转化过程中得到了增强，而这些转化过程受到学习环境的影响。在这种模式下，创业者的创业学习是一个开放的、自发的、迭代的和自我强化的过程。

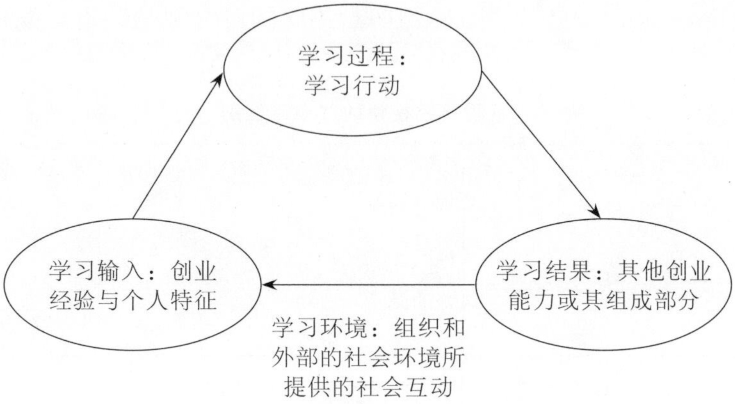

图 2-1　创业学习的概念框架

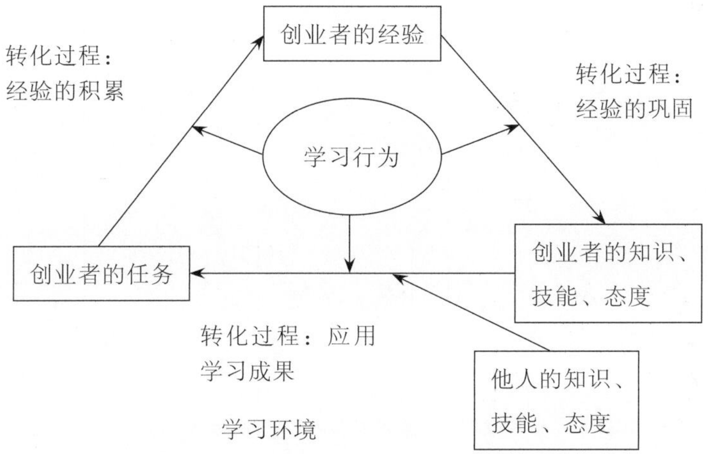

图 2-2　以学习行为为中心的创业学习模型

能力视角的研究主要的优势是专注于学习行为，因为行为在学习过程中更容易被观察和衡量，从而有助于更好地理解创业学习的过程（Yan和Guan，2019）[157]。能力视角为创业教育和培训提供了一个有效学习的行为角度，并能够辅助模拟创业环境和任务，从而使得创业学习发展成可以教育培训的内容。但是，以学习行为为中心的创业学习研究没有很好地阐述行为、经验、学习成果、学习环境之间的定量关系及创业学习行为的有效性。

直到现在经验视角仍然占据着创业学习研究的主流地位，人们对于具有情境化特征的社会网络学习视角和能力视角的认识仍然非常有限

（Rasmussen等，2015）[158]。回顾四种不同的研究视角，不难发现它们对创业学习的理解与认识既有联系又有区别，见表2-1。

表2-1 不同研究视角的联系与区别

	认知视角	经验视角	社会网络视角	能力视角
学习过程	一项巨大的信息处理活动	经验的获取和经验的转化	突出了融入社会网络中的互动学习	将之前所积累的经验转化为理想的结果
学习方式	主动的心理建构活动：通过直观推断、探索式与利用式学习等一系列合理有效的心理加工程序对信息进行转换、编码、储存、提取与应用	个人运用现有知识去获得、转化信息从而产生新知识	互动学习行为，如模仿、合作、交流等	将创业学习分为6种学习行为模式
学习来源	外在于个体的信息或知识	直接经验、间接经验、失败经验	强调从外部网络中学习	以往的经验及具体的学习行为
影响因素	个人认知水平和认知属性	经验及认知因素	社会网络	以往的经验和环境
学习结果	新的认知体验或行动	创业知识	知识、技能、情感支持等	能力（知识、技能、态度）

注：该表主要基于对国外创业学习相关文献的思考与总结。

现有研究发现创业学习研究各个视角有一定的融合性质，如Cope和Down（2010）[159]综合运用认知理论和社会建构主义学习理论，提出了一个基于认知和实践的创业学习模型，如图2-3所示。该模型指出概念化的认知过程与社会学习有着千丝万缕的联系，为创业者学习过程中的认知和知识的转化增加了一个社会维度即参与社会实践。该模型突出不同“参与空间”（如以个人为主导的企业、创业团队、家族企业、社区）的重要性，在这些参与空间中，创业者形成、延续和转化了创业实践、身份和知识，进而不仅塑造一个社会学习的过程，也塑造创业者的心智模式。此外，Abrar（2017）[160]基于对6位女性创业者的案例研究，认为可以将创业学习理解为经验的和社会的学习过程的统一，学习行为不仅发生在创业者个人身上，也发生在他们主动与更广泛的群体分享他们的经历时。可见，社会网络学习无论是自然进行的还是刻意安排的，都被越来越多的学者认为是创业学习的关键。

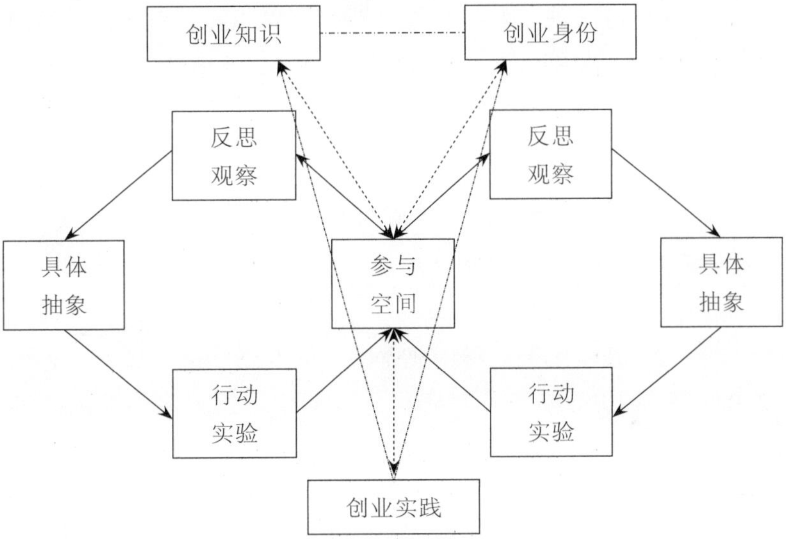

图2-3 基于认知和实践的创业学习模型

2.4.5 创业学习与创业能力的关系

创业者进行创业学习的目的在于通过有效的学习行为来增强自身识别和开发创业机会的能力，实现企业长期的可持续性成长（陈文婷，2011）[161]。教育培训、经验、社会网络三种学习途径对创业者提高能力和促进创业成功有重要影响。创业者创业学习的直接结果并不是对企业绩效的影响，而是对创业者自身知识和能力的影响（Priyanto和Sandjojo，2005）[29]。还有学者就创业学习与创业能力的关系进行了一些探索。他们基于社会建构主义视角，总结归纳了“人们如何学习创业”（Rae和Carswell，2000[162]，2001[127]），并指出与学习相关的因素

（自信和自我效能感等）能够影响创业能力（Samaaionok等，2016[163]；Volery等，2015[164]）。Man（2012）[156]基于能力研究方法，将创业学习概念化为一种能力，认为创业者通过有效的学习能够获得创业能力或者能力的具体组成部分（知识、技能、态度）。Jiao等（2010）[165]基于动态研究视角，探讨了创业学习方法（经验学习、正式教育和培训）的变化对创业者能力（概念技能、人际能力、领导能力、创业能力）变化的影响，并指出创业者可通过合适的学习方式获得和提高能力。

创业学习是推动创业者创业能力不断自我完善、自我演进的内生动力。国内学者对创业学习与创业能力间的关系也有所探讨。丁桂凤等(2010)[166]在其研究的未来展望部分指出对创业学习、创业能力及创业绩效之间的作用机制的探讨具有重要的现实意义。梁欣如和王勇(2005)[167]结合能力的不同层次以及获取和发展这些能力的方法，将学习方式分为三大类："转移-吸收"类，"探索-反思"类，"互动-进化"类。张建琦和赵文（2007）[168]分析了不同的创业学习途径（经验学习、教育学习、社会网络学习）对创业者能力的不同维度的影响。崔瑜和焦豪（2008）[169]指出企业家通过不同方式的学习提升了自身的能力。张玉利和王晓文（2011）[32]从创业学习的视角出发，探讨了创业者经验向创业能力转化的内在机理，验证了学习风格在其中发挥的重要影响作用。宋培林（2011）[170]基于动态研究视角分析了创业者胜任力结构的自我跃迁，即创业者通过学习自我完成能力和行为转换升级的过程，具有一定的创新性。

可见，学者们越来越重视对创业学习与创业能力的关系的研究。然而，现有的基于经验视角的创业学习研究文献主要集中在创业者如何通过不同的经验转化过程来获得创业知识（Holcomb等，2009）[135]，以及利用不同的经验学习模式和学习风格来识别和利用机会（Corbett，2005）[147]，未关注创业学习对创业能力发挥的作用。在创业研究领域，对创业学习和创业能力间的关系的研究以及对它们各自的维度划分的研究还处于早期阶段。本书将从创业学习的角度探讨民营企业创业者创业能力提升的路径。

3 研究假设与模型构建

3.1 核心变量评价指标体系构成

3.1.1 创业能力评价指标体系

在心理学领域，能力被定义为一个人成功完成某项活动所必需的心理条件，活动完成的效率和效果直接受能力大小的影响。对于一个创业者来说，要想取得创业活动的成功，不仅要选择具备良好发展前景的创业投资项目，充分考虑经济形势和政策环境，还要在主观条件即创业能力方面有所突破，否则创业者会因能力欠缺而自毁前程。基于现有研究成果及对15位创业者的访谈结论，本书认为，创业者在创业过程中必须具备如下能力：机会识别能力、资源整合能力、人际关系处理能力、时间管理能力、自我学习能力、团队合作能力、战略规划能力、解决问题能力。

（1）机会识别能力

Roy和Elango（2000）[171]指出，创业是指个人或团队向新的投资项目不断投入时间和资本，用创新的思维和方式创造出新的价值，实现自我的成长与发展，在这一过程中并不考虑已有资源的变化。根据这一定义，可以认为创业主要包含三个要素：机遇、创新和成长。可以想见，能否识别一个好的创业机会在很大程度上决定创业的成功与否。创业者作为创业活动的主体，要能够及时发现潜在的创业机会，并对其优劣势和发展前景做出评价，最终选择是否将其付诸行动。因此，一个成功的创业者应该具备机会识别能力。

既然创业机会对于创业成功有着至关重要的影响，那么创业者应该如何有效地识别创业机会呢？机会是外部环境中的正向影响因素，它为我们提供一种独一无二的创新和创造价值的可能性。管理学家彼得·德鲁克认为个人比组织更能有效识别出机会。Drucker（1984）[16]经过研究找出了7种潜在的创业机会来源，分别是：①出乎预料的成功或失败。当事情的发展超出人们的预料时，可能会给创业者带来启发。例如，著名滑雪爱好者Sonny和Kennedy在滑雪运动中不幸遇难，为创业者开发能够保护人们头部的滑雪头盔带来了启发。②不协调现象。传统和常识往往被绝大多数人接受，但也限制了他们的思考。如果有人能够跳出思维定式，就有可能发现新的创业机会。③过程的需要。过程有时比结果更加重要，结果的诞生需要经历一个漫长的过程，而研发过程中往往存在众多阶段性的成果，这些成果也可能带来创业机会。例如，人类一直在和艾滋病做斗争，虽然还没有研制出能够彻底治愈这种疾病的药品，但研究的不断深入使得众多具有科技含量的生物医药公司得以成立。④产业和市场结构的变化。产业和市场结构会随着经济的发展不断发生变化，任何一家企业都不可避免地要对产品和经营理念做出及时调整，否则将失去市场竞争力，这时就为创业者带来了创业机会。在互联网发展浪潮中诞生的诸多互联网公司就是最好的例证。⑤人口统计学。人类社会的年龄结构受经济、文化等的影响处于动态变化状态（如老龄化），消费群体的变化会导致消费需要的变化，此时有利的创业商机就会出现。⑥知觉的变化。人们的认知能力会随着学习、经历的加深得到提高，当人们对事物的认知发生变化时，就会有新的创业机会出现。例如，随着人们环保意识的增强，一些以环保为主营业务的公司会收获成功。⑦新事物的出现。新事物的出现意味着可能的变革，但创业者要先做好新产品的成本和可行性评估工作，以规避风险。

本书认为，创业者要具备较强的机会识别能力，能有效识别潜在的机会。

（2）资源整合能力

创业企业的建立和发展离不开各生产要素的支撑，这些要素就是企业创业所需要的资源。资源所涵盖的范围很广，既包含企业可以掌控的资源，也包含企业不能掌控的资源。创业资源也可以分为直接资源和间接资源：直接资源有人力资源、资金资源、管理资源和社会关系资源；间接资源有行业资源、技术资源、政策资源和信息资源。面对纷繁复杂的创业资源，创业者不仅需要对资源的来源、层次、结构和内容进行区分和检验，做好第一步的选择和吸收工作，还要整合各类资源，使之具备较强的条理性、系统性和价值性，在旧有资源体系的基础上形成新的核心资源体系[93]。不同形式和内容的资源通过整合，经由企业的研发、生产、营销等具体活动为顾客创造价值。资源整合其实就是创业者协调和配置已有资源，将其转化为产品或服务的过程，从而达到资源利用的最理想状态，帮助企业拉开与竞争者之间的差距[94]。

资源整合能力是选择、吸收、配备、激活和融合企业各种资源的能力，是企业资源能否得到有效利用的关键。新创企业由于缺乏积累，在人力、物力、财力等方面与成熟企业相比有较大劣势，加之竞争激烈，创业者能否将有限的资源整合在一起发挥更大的效能，就显得十分重要。一方面，资源整合有助于企业提高生产效率、减少损耗。通过将内部资源和外部资源、个体资源和组织资源、传统资源和新资源有效整合，企业不仅可以提升经营绩效，创造更多的利润，还有可能形成新的理念，创造新的资源。另一方面，资源整合也是企业提升竞争力的必经之路。在竞争激烈的市场环境下，企业要想基业长青，就必须具备竞争对手无可比拟的竞争优势，也就是独一无二的资源和能力，而这些都有赖于企业的资源整合结果。

本书认为，创业者和创业企业必须具备良好的资源整合能力才能在竞争的浪潮中立于不败之地，资源整合能力也是衡量企业是否成功的一个重要标准。

（3）人际关系处理能力

一个人身处社会之中不可避免地要与周围的人建立工作或生活上的种种联系，人与人之间通过交往与相互作用而形成的直接的心理关系就是人际关系。在工作、学习和生活当中，拥有良好的人际关系应该是每个人追求的目标，也是决定事业成功、家庭幸福和人生快乐的重要因素之一。在我国的社会背景下，不管是创立企业还是发展事业，都离不开良好的人际关系。

创业是一个漫长的过程，其间创业者要与政府部门、其他企事业单位和社会组织打交道，不同的相处方式会导致不同的结果，这就要求创业者具备良好的人际交往能力。《富爸爸，穷爸爸》的作者罗伯特·清崎说过："如果你想在生意场上获得成功，人际关系是最重要的一环。"他还认为，要想做一名成功的生意人，就要不断增强人际关系处理能力，提高人际交往水平。

本书认为，创业者必须具备人际关系处理能力，良好的人际关系有助于创业者在创业过程中抢占先机、赢得主动权。

（4）时间管理能力

在当今的市场环境中，不再是企业的体量越大竞争力就越强，企业之间的竞争模式已经从"大鱼吃小鱼"向"快鱼吃慢鱼"转变。有的传统大企业尽管体量庞大，但行动缓慢、反应迟钝，很难在瞬息万变的竞争环境中获得持续的优势，而那些反应灵敏、行动力强的企业才是市场竞争中真正的强者。由此可见，要想增强企业的竞争力，创业者必须快速反应，高效决策，及时行动，不断锤炼自己的时间管理能力。

历史上的众多名人都非常爱惜时间，鲁迅先生还提出了浪费别人的时间等于谋财害命的观点。时间是一切行为活动的基石和保障。时间管理强调时间的投入产出比，用最少的时间成本获得最佳的结果。时间管理要求我们明确什么事情该做，什么事情不该做，以及做事情的优先顺序、轻重缓急。时间管理的主要工具是时间管理矩阵，如图3-1所示。

	紧急	不紧急
重要	Ⅰ 1.危机 2.紧急的问题 3.限期完成的任务、会议	Ⅱ 1.预防性措施 2.改进产能 3.建立人际关系 4.明确新的发展机会 5.制订计划 6.正常的休闲、充电
不重要	Ⅲ 1.不速之客、来电 2.某些信件、报告 3.需要紧急处理的杂事 4.公共活动	Ⅳ 1.琐碎、忙碌的工作 2.无关紧要的信件、电话 3.浪费时间的事 4.消磨时间的活动

图 3-1　时间管理矩阵

资料来源：柯维.高效能人士的七个习惯[M].高新勇，王亦兵，葛雪蕾，译.20周年纪念版.北京：中国青年出版社，2010：164.

时间管理矩阵包含了我们每天要做的事情：

① 紧急且重要的事情——立即做。这类事情的优先级最高，对全局造成的影响最大，创业者应该亲力亲为，不可推诿。

② 紧急但不重要的事情——授权。此类事情的重要程度不算高但有一定的时效性，创业者可以安排下属去做，这样可以集中精力去做更重要的事情。

③ 不紧急但重要的事情——稍后做。这类事情是创业者不得不做但是可以稍后去做的，创业者应该将它们妥善安排在时间计划表上，一有空闲就要抓紧完成。

④ 既不紧急又不重要的事情——不做。创业者对这类事情完全可以置之不理，否则一旦陷入其中，不仅对提高企业绩效没有丝毫帮助，还会白白浪费自己的时间。

本书认为，创业者应该具备良好的时间管理能力，远离烦琐的杂事、小事，把更多的时间和精力放在重要的事情上，增强企业的竞争优势。

（5）自我学习能力

吴强和胡伟（2009）[172] 认为学习能力是个体能够在日常工作中依据岗位需要和个人发展需求，及时制订相应的学习计划和目标，充分利用现有的学习工具和条件，并且根据环境的变化对学习计划做出及时调整，不断提高自身综合素质的能力。一个人竞争力的强弱由其学习能力决定，当代著名管理大师彼得·圣吉曾经说过，“未来唯一持久的优势，是有能力比你的竞争对手学习得更快”。在知识经济主导的当今社会，新旧知识的更换和新老概念的替代变得极为迅速，今天所学的知识可能在未来的三五年内就会过时，所以说一个人的知识储备应该是动态变化的，而其中90%的知识需要在生活和工作中通过学习来获得。因此，创业者必须通过不断地学习提升自己的综合素质、增强自己的竞争优势，才能在竞争中占得先机。

为了更好地经营企业，创业者必须走在行业发展前沿，时刻了解行业知识、技术的变化；为了更好地管理企业，创业者要成为“全才”，在财务、人力资源、营销和战略等诸多管理领域有所涉猎；为了更好地与各利益相关者打交道，创业者要熟悉国家、地方和行业的相关法律法规和政策规定，确保在企业经营活动中保持主动；为了更好地发展和壮大企业，创业者自身要扬长补短，砥砺前行。以上这些都要求创业者善于学习，只有具备了自我学习能力，才能通过学习这一过程保持自我和企业的先进性，增强竞争力。

本书认为，创业者应时刻保持自我学习的状态，提高自我学习的能力和效率，最大化充实自己、丰盈内心，为创业成功添砖加瓦。

（6）团队合作能力

纵观人类社会的发展，竞争一直作为主线贯穿其中，“物竞天择，适者生存”，竞争往往意味着优胜劣汰，成王败寇。尽管面对竞争，不同的人有不同的看法，对待竞争结果的态度也各不相同，但竞争永远都是我们不断进步的助燃剂，推动人类文明的发展。同时，我们还应该看到，当今世界的发展出现了一个重要的主题，那就是合作。创业者在创业的过程中不可避免地会遭遇各种各样的困难，如果想依靠个人的力量解决所有的问题，势必会让自己陷入焦头烂额的状态。俗话说，“单丝不成线，独木不成林”。创业者应该具备合作意识，在内部加强团队建设与合作，在外部发展与其他组织和个人的合作关系，凝聚力量，走向成功。

合作通常是指个人或团体为了一个共同的目标，与其他个体或群体相互配合开展行动。这种配合并不是合作双方简单地组合起来，而是双方发挥各自的优势，取长补短，相互支持。合作能力是指有着共同目标的双方在共事过程中就具体的工作内容互相配合，减少双方分歧和矛盾，改善合作关系，最终实现共同目标的能力。合作对于创业者来说具有十分重要的意义：第一，每个人的能力、知识以及看待问题的角度是不同的，一个人对每种知识并不能完全精通，而团队成员源自不同的专业，这样可以优势互补，发挥出增量效应。第二，在团队合作的过程中，合作各方目标一致，相互配合、相互理解、相互支持，能够凝聚个体力量，实现共同的目标和伟大的使命。第三，团队合作能够增强员工的认同感。若合作组织中的领导者过于独断专行，那么下属在工作过程中的积极性和主动性将会受到严重的打击；若合作组织中的领导者注意加强文化建设、营造和谐的工作氛围，那么员工也能感到自己是组织中重要的一员，从而充满奋斗的热情。

本书认为，创业者要具备团队合作意识和团队合作能力，建立和巩固自己的团队，明确团队的共同目标，明晰团队成员的角色定位，处理好成员的任务分工，还要灵活运用各种管理方法激发和调动成员的工作热情和积极性，营造和谐、相互信任的团队氛围，最终实现创业活动共建、共享的良好循环。

（7）战略规划能力

在现实中，一些企业尽管上至领导下至员工无不兢兢业业、任劳任怨，但是经营绩效就是停滞不前；也有企业盲目追逐市场热点，投资无序，管理混乱，结果非但没能收到预期的投资回报，经营绩效也面临下滑；还有部分企业的领导者抱着陈旧观念，对市场和竞争环境的认识不足，缺乏科学管理方法，一味根据经验和直觉做出决策，没能将企业带入正轨。以上种种现象都是由于企业决策者缺乏战略规划能力，没有制定科学合理的战略规划。

战略是指统领整个行动，能够决定最终结果胜败走向的谋略、方案和对策。创业者的选择很重要，他要明确企业要做的正确的事情是什么，如何去做，以及用什么方法去达成目标。这些将对企业的经营绩效和成长空间产生重大影响甚至关乎创业行动的成败。创业者作为决策者和管理者，要想做出对企业发展有利的正确选择，必须对行业的整体发展态势做出准确的预测，找准企业未来发展方向，为企业量身打造先进、合理的战略规划。

众多学者一致认为创业者应该具备一定的战略规划能力。Milton（1989）[173] 指出对市场的提前预测和把握在很大程度上能够决定创业的成功与否。正确地预测市场意味着创业者能够以较低的成本和高质量的产品获得竞争优势，从而获取更多利润。Korunka 等（2003）[79] 认为创业企业的资源十分有限，一旦创业活动遭受失败，付出得不到相应的回报，将对企业发展造成严重的打击，所以创业者要具备良好的战略规划能力，在给企业发展定调时深思熟虑，做好充分准备。Kao 和 Tan（2001）[174] 的看法比较乐观，他们认为创业者都是有智慧的人，对自己的目标有清晰的认识，知道自己建立的公司未来应该如何发展。

本书认为，创业企业未来的发展有赖于创业者的战略眼光，创业者为企业制定长远、高效的发展战略，有利于企业识别内外部环境中的机会和威胁，有利于企业充分暴露自身短板，找准优势，有利于企业全体员工明确发展方向和目标。在战略的指引下，创业者能够带领企业走得更远，做得更好。

（8）解决问题能力

创业者在创业过程中要面临资金、技术、人事、管理、营销等方面的众多问题，如果没有出色的解决问题的能力，那么在商业上取得成功只不过是一种幻想。

解决问题能力指的是准确抓住问题、分析问题，找出问题出现的原因，采取一定的方法和决策对问题进行调整和改进并最终解决问题的能力。从这个定义来看，要想解决问题、获得发展，必须具备敏锐的洞察力，能够识别并抓住问题。许多问题常隐藏于表面之下，不容易被发现，日积月累，一旦爆发，将导致难以预料的后果。在识别和确认问题后，创业者应该追根溯源，找出问题发生的原因，经过透彻分析制订有效的解决方案。由于资源有限，创业者可以拟定多种可能的解决方案以应对突发情况，然后根据每种方案所需的时间和人、财、物资源，以及各自的优势和劣势，结合企业实际情况，做出审慎的选择，确定最佳的方案。有了可行的方案和决策，还要付诸行动。众多创业失败的案例显示，许多创业者缺乏行动力，对于问题的解决和公司的发展往往只有空想，缺少决策实施的过程，最终一事无成。对方案实施过程的控制也很重要，创业者一旦发现行动偏离了正轨，出现了不合理的情况，就要及时做出调整和改进，使问题得到妥善解决。

本书认为，创业者应该具备解决问题的能力，善于解决问题也是创业者综合实力的一个具体体现。

综上，本书提出的创业者创业能力评价指标及其描述见表3-1。

表3-1 **创业者创业能力评价指标及其描述**

创业能力评价指标	指标描述
机会识别能力	有效识别市场中存在的潜在机会
资源整合能力	选择、吸收、配备、激活和融合企业各种资源的能力
人际关系处理能力	有效地与人沟通、建立和拓展人际关系的能力
时间管理能力	掌握做事的先后顺序，知道如何科学分配和管理时间
自我学习能力	具备自我学习意识，不断认清自身存在的不足并自觉主动地去学习
团队合作能力	与团队成员在共事过程中就具体的工作内容互相配合，减少分歧和矛盾，改善合作关系，最终实现共同目标的能力
战略规划能力	对于行业未来的发展趋势了如指掌，对企业未来的发展方向有清晰的认识，为企业的发展做出明确的、具有前瞻性的战略规划
解决问题能力	及时发现问题、分析问题，找出问题出现的原因，采取有效的方法和决策对问题进行调整和改进并最终解决问题的能力

3.1.2 创业环境评价指标体系

组织的发展离不开环境，没有环境作为保障和支撑，组织将不复存在。创业企业面临的一个很大的问题就是创业环境的不确定性，有的环境因素比较稳定，创业者能够较好地把握，有的环境因素则十分复杂，创业者只能做粗略的了解。所以，及时把握创业环境的变化并做出准确的评估对于创业者来说十分重要。对于创业环境及其维度的研究成果非常多，本书在梳理、总结大量已有文献的基础上，认为创业者进行创业活动所面临的环境因素主要包含融资环境、教育环境、政策环境和市场环境这四个维度。

（1）*融资环境*

融资环境是影响创业者创业资本来源的所有因素的集合。要创办一家新企业，必须有资本作为支撑，如果创业者自己缺少资本，就要找到愿意为企业出资的投资者（Bicknell，2001）[175]。对于创业者来说，获取创业资本具有一定的难度（Garsombke和Garsombke，2000）[176]。金融市场本就是一个波动的市场，再加上各地区市场开放程度不断提高，竞争加剧，创业的融资过程仿佛海上冲浪，使本就充满不确定因素的创业企业面临更多的困难。很多小企业的创业者或是刚刚起步的创业者在融资过程中面临很大的困难，银行出于规避风险的考量通常不愿意向小企业发放贷款，风险资本家和个人投资者更加小心翼翼，倾向于投资那些风险可控和收益稳定的大型创业项目。即使是在资源丰富、拥有相对完善的创业扶持政策体系的国家和地区，初创企业也会遇到融资困难的问题。初创企业的资金来源大致有以下几个：个人或家庭储蓄、亲友借款、银行贷款、风险投资等。

（2）*教育环境*

教育环境指创业者能够在其中获得有关创业的知识、技能或者政策解读等培训机会的环境。Dean（2000）[177]认为培养创业者有多种途径，提供公共的创业教育课程就是其中的一种。学生群体的可塑性非常强，各类学校可以面向学生开展创业相关专业知识的培训，结合实操课程或者实践模拟锻炼学生的合作能力和解决问题能力，为他们将来自主创业打下基础。

“创业教育”的概念最早由美国学者柯林·博尔提出。他在1989年向经济合作与发展组织提交的论文《创造一种开创性的文化：对教育和培训的挑战》中提出，如果说“学术资历”（academic credentials）是学习的第一张通行证，“职业技能”（vocational skills）是学习的第二张通行证，那么“事业心和开拓技能”（being enterprising）就是学习的第三张通行证。1989年，联合国在中国召开“面向21世纪教育国际研讨会”，柯林·博尔提出的三张“通行证”思想被写进会议文件《学会关心：21世纪的教育——圆桌会议报告》中。为了获得“事业心和开拓技能”这张“通行证”所进行的教育就是我们通称的“创业教育”。联合国教科文组织还指出，创业教育培养的对象是具有开创精神的个人，用人单位除了希望受雇者在事业上有所成就外，还鼓励他们发挥创新意识和冒险精神，重视雇员技术、社交、管理和独立工作能力的提升。

在新形势下，我国对创业教育给予了很大的关注，这必然会对创业活动产生很大的影响。

（3）政策环境

政策环境是指当地政府出台的对创业者的创业活动产生影响的政策措施的集合。例如，有的国家和地区为了鼓励创业、推动经济发展，在税收方面给予初创企业很多优惠，如制定研发费用税收减免政策，允许投资于高科技产业的设备加速折旧，以及符合条件的技术转让所得享受税收减免优惠等。除了制定税收优惠政策，政府还可以采取直接拨款的方式，为创业者和创业企业提供资金支持，鼓励创业活动。政府资金的参与，能够缓解市场创业资本的不足，降低创业投资风险。政府还可以通过加大交通、通信等基础设施的建设力度，简化创业企业的注册和审批流程等方式为创业活动提供便利。

（4）市场环境

市场环境是新创企业所进入的行业的有关因素的集合。市场环境决定企业的经营战略和战术，并且直接影响企业的投资回报。对于市场环境的评价可以从两个方面来看：第一，企业所处的行业格局和发展前景如何，是否有改变或演化的可能？如果新创企业所处的行业已经步入夕阳阶段或者正面临转型重组，那么就要慎重考虑企业未来发展的可能性并决定是继续留下还是转向其他领域。第二，企业在行业内处于什么位置？迈克尔·波特认为，绝大多数企业改变不了行业结构，它们能做的就是在已有的结构下找到自己的立足点并建立可持续的竞争优势，占据有利地位。创业不是一腔热血埋头苦干，在创办企业之前，创业者要充分了解整个行业的相关情况，做好评估工作，如果一味地按照旧有经验和成规办事，则只会招致失败。对企业市场环境的分析主要包括5个方面：①现有竞争对手；②潜在竞争对手；③替代产品或服务；④顾客；⑤供应商。

3.1.3 创业成功评价指标体系

学术界关于创业成功的衡量标准一直存在争议。Chandler和Hanks（1994）[40] 认为可以通过测量企业劳动力的数量来衡量创业是否成功。Kakati（2003）[178] 认为较为客观的经营绩效指标，例如利润率、顾客满意度和市场份额等，可以用来衡量创业是否成功。Korunka等（2003）[79] 认为创业活动是创业者为了实现个人理想或目标所做的努力，创业的成功与否应该通过创业者的主观感受来衡量。Cooper（2004）[88] 认为在激烈的竞争环境下，绝大多数创业企业会逐步走向衰亡，因此凡是能够生存下来的企业都可以被认为是成功的。

从以上观点可以看出，对于如何衡量创业成功的问题还存在较大的争议。对于成熟的企业来说，其发展已经步入正轨，经营管理比较稳定，用一系列经营业绩指标来衡量其成功与否，准确度比较高。然而，对于一个新企业而言，由于成立时间短，变数非常大，内部管理和运作尚未规范化，不管是市场份额、营业额和客户满意度等可以量化的绩效指标，还是其他不可量化的指标，都难以准确衡量，所以业绩表现暂时不理想并不意味着在未来没有好的前景。因此，是否采用经营业绩指标来衡量创业成功与否需要根据具体情况做出选择。

从一定意义上来讲，创业活动是创业者为了实现个人理想或目标所做的努力，具有创业者的个人色彩。创业者创业的动机有很多，例如提高收入水平、获得他人认可和尊重、为社会发展做出贡献等。创业者的个人目标决定了他的创业理念，目标不同，创业的起点和方式方法也不同。创业者在实现自己的理想和目标之后，随之获得的便是一种成就感，一种自信和满足感，这时也可以认为创业成功了。从这个意义上来说，创业者的主观感受就是衡量创业成功的最佳标准。

本书的观点是，用创业者的主观感受去衡量创业是否成功最有效。为此，我们选择发展前景、核心竞争力、成长速度和财务状况这四个指标，调查创业者对本企业这四个指标的主观感受，只要他认为与同行业的其他企业相比是令人满意的，我们就可以认为他的创业是成功的。

3.2 研究假设

3.2.1 创业能力与创业成功的关系

张玉利和王晓文（2011）[32] 认为，创业能力由机会开发相关能力和运营管理相关能力两个维度构成。Man 和 Lau（2000）[114] 认为创业能力包括机会开发能力、关系能力、概念能力、组织能力、战略能力和承诺能力六个维度。Jiao 等（2010）[165] 提出了构想能力、人际关系能力、领导能力和创业技能四个测量指标。Butler 和 Hansen（1991）[179] 认为创业能力帮助创业者获得创业所需的各类资金、信息和技术资源，还可对创业活动起调节作用，帮助形成新的商业模式。Obschonka 等（2011）[106] 的研究显示，创业者个体层面的创业能力，诸如风险承受能力、创业知识和技能、领导力等，对创业成功会起到很好的导向作用。Zhang 等（2009）[180] 研究了创业能力和创业机会开发之间的关系，结果显示创业能力有助于企业尽早识别创业机会，并通过创新的方式将其开发，最终推动企业绩效的提升和进一步的发展。

Man 和 Lau（2000）[114] 探究了创业能力对创业成功的影响，发现创业能力中与战略有关的能力部分能够帮助企业制定长远的战略目标，为企业的发展指明方向，而与领导力有关的能力部分则能够让企业员工团结在领导者周围，开展有效的创业活动，为实现创业成功而努力。Clarysse等（2011）[181]考察了创业能力与创业成功之间的关系，研究结果显示机会开发能力、网络利用能力和管理能力等能够帮助企业识别和开发创业机会，整合网络信息和资源，提高技术发展和资金积累水平，最终取得创业成功。Davis和Sun（2006）[44]从战略角度出发研究了创业能力对企业绩效的影响程度，研究结果显示创业能力可以影响企业的创新，包括新产品、新服务、新市场的创新，最终对企业战略绩效产生影响。郭海（2010）[182]考察了创业能力与创业绩效之间的关系，研究表明创业能力可以让创业企业在变化的环境中抓住重点信息，识别关键机会，利用内外部资源实现创业机会的转化，最终提升创业企业的经营绩效。

基于以上分析，本书提出以下假设：

H1-1：机会识别能力与创业成功显著正相关

H1-2：资源整合能力与创业成功显著正相关

H1-3：人际关系处理能力与创业成功显著正相关

H1-4：时间管理能力与创业成功显著正相关

H1-5：自我学习能力与创业成功显著正相关

H1-6：团队合作能力与创业成功显著正相关

H1-7：战略规划能力与创业成功显著正相关

H1-8：解决问题能力与创业成功显著正相关

3.2.2 创业环境的调节作用

创业环境是研究创业者及创业行为必须考虑的一个客观因素，Man和Lau（2000[114]，2005[115]）认为创业环境能够显著影响创业绩效。一方面，创业环境是资源的大熔炉，创业所需的各种资源皆由环境所提供（Ulrich和Barney，1984）[183]，是影响企业创建、存续与发展的关键要素之一（Timmons和Spinelli，1994）[184]；另一方面，环境中的机会和资源是客观存在的，还需要创业者主动去识别、评价和开发，同时环境又是动态变化的，创业者还要及时调整发展战略，去适应甚至制造出有利于自身发展的环境，这样才能大幅提高企业绩效（Wickham，1997）[185]。

买忆媛和甘智龙（2008）[63]将创业环境、创业能力和创业成功放在一起进行研究，考察了创业环境分别对创业能力的形成和创业成功的实现所产生的影响。Jiao等（2010）[165]研究了制度环境在创业能力和创业成功之间的调节作用，发现企业融资难度会随着制度环境缺陷的存在而增大，例如银行等金融机构出于对风险的考量与创业企业保持一定的距离，而创业能力能够打破这层障碍，帮助企业获得融资，取得创业成功。郭海（2010）[182]也对制度环境在创业能力和创业绩效之间的调节作用做了研究，结果表明当创业企业处于不完善的制度环境中时，创业能力能够发挥关键的作用，帮助企业识别机会，利用内外部资源开发机会，提高绩效水平。Leyden等（2014）[186]认为市场环境越是处于不稳定或者不确定的状态，创业者就越是需要提升创业能力以应对可能出现的问题和挑战。Jiao等（2010）[165]认为创业能力的形成和发展同样需要信息和资源作为基础，而一旦市场环境变得高度不稳定，信息和资源的来源与真实性将无法得到保障，创业能力自然也会受到负面的影响。

基于以上分析，本书提出以下假设：

H2-1：资金来源在创业能力与创业成功间起到调节作用

H2-2：教育背景在创业能力与创业成功间起到调节作用

H2-3：政策环境在创业能力与创业成功间起到调节作用

H2-4：市场环境在创业能力与创业成功间起到调节作用

3.3 理论模型构建

通过文献梳理可以发现，学者们对于创业能力和创业成功间关系的研究已有很多，且都认为两者存在密不可分的联系。为了更好地探究创业者创业能力与创业成功间的关系，本书将创业环境作为调节变量，在借鉴国内外学者研究成果的基础上，建立了创业能力、创业环境和创业成功关系的理论模型，如图3-2所示。

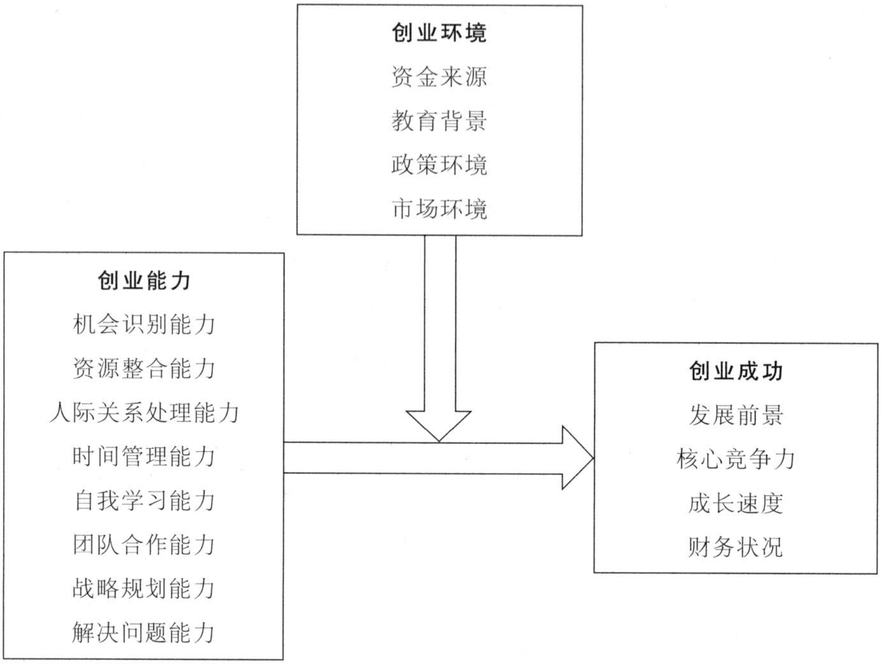

图3-2 创业能力、创业环境和创业成功关系的理论模型图

从图3-2中可以看出，本书将民营企业创业者创业能力分为机会识别能力、资源整合能力、人际关系处理能力、时间管理能力、自我学习能力、团队合作能力、战略规划能力、解决问题能力八个二级指标；将创业环境划分为资金来源、教育背景、政策环境和市场环境四个二级指标；创业成功则通过发展前景、核心竞争力、成长速度和财务状况四个指标来综合衡量。

4 研究设计

4.1 研究方法

本书采用问卷调查的方式收集民营企业创业者的相关数据，采用统计分析方法对数据进行分析，具体如下：

4.1.1 问卷调查法

在借鉴已有的关于创业能力、创业环境和创业成功的成熟量表的基础上，整合、设计新的问卷，并将问卷发放给民营企业创业者填写，收集相关的创业信息，了解他们的创业感受，为后文的数据分析奠定基础。

4.1.2 信度和效度分析法

首先，利用SPSS24.0软件对问卷及各量表的信度进行检验，通过克朗巴哈系数（Cronbach's α 值）来判定其可靠程度。其次，对问卷及各量表分别进行效度检验。先利用KMO值和巴特利特（Bartlett）球形检验分析是否适合进行因子分析，如果适合则分别对各量表进行探索性因子分析，找出各成分所包含的因子题项，从而验证问卷的有效性水平。

4.1.3 描述性分析法

首先，利用SPSS24.0软件对样本的基本特征进行描述性统计，了解样本群体的基本特征水平；其次，得出创业能力、创业环境和创业成功三个变量的均值及标准差等统计量，进一步掌握样本在这三个变量上的表现情况。

4.1.4 方差分析法

采用SPSS24.0软件得出各模型的回归平方和、残差平方和、总平方和，以及模型的整体显著性水平，计算、分析所设计模型对结果的解释程度与总体拟合优度。

4.1.5 回归分析法

利用Stata软件对创业能力、创业环境和创业成功分别进行回归，得出相应的回归系数及其显著性水平，从而了解各变量间的相关关系，明确创业成功的个体及环境影响因素。

4.2 研究对象

本书的研究对象是民营企业的创业者，采取线上方式共发出300份调查问卷，成功收回263份，剔除明显有误的问卷，最终得到有效问卷258份，有效率达98.10%。样本的人口统计学变量描述性统计见表4-1。

由表4-1可知，样本中的创业者，男性占比达73.64%，说明男性的创业意愿更为强烈；年龄主要集中在31～50岁这个区间，说明创业者较多处于中年时期；学历大多是本科或大专，文化程度较高，能够较

表4-1　　样本的人口统计学变量描述性统计（N=258）

变量	类别	样本数	百分比（%）
性别	男	190	73.64
	女	68	26.36
年龄	20岁及以下	3	1.16
	21～30岁	32	12.40
	31～40岁	99	38.37
	41～50岁	104	40.31
	51岁及以上	20	7.75
学历	初中及以下	13	5.04
	高中/中专	48	18.60
	本科/大专	163	63.18
	硕士研究生	31	12.02
	博士研究生	3	1.16
创业之前工作年限	0	17	6.59
	1～2年	28	10.85
	3～5年	51	19.77
	6～9年	65	25.19
	10年及以上	97	37.60
创业相关工作年限	0	64	24.81
	1～2年	55	21.32
	3～5年	53	20.54
	6～9年	38	14.73
	10年及以上	48	18.60

续表

变量	类别	样本数	百分比（%）
之前的创业经历	0	122	47.29
	1次	74	28.68
	2次	39	15.12
	3次	14	5.43
	4次及以上	9	3.49
父母是否创业	是	60	23.26
	否	198	76.74
员工数量	5人及以下	68	26.36
	6～10人	64	24.81
	11～20人	38	14.73
	21～50人	41	15.89
	51～100人	20	7.75
	101人及以上	27	10.47
企业成立年限	在筹建中	27	10.47
	不到1年	31	12.02
	1～2年	59	22.87
	3～5年	49	18.99
	6～8年	30	11.63
	9年及以上	62	24.03

续表

变量	类别	样本数	百分比（%）
行业	农、林、牧、渔	5	1.94
	工业	34	13.18
	建筑业	27	10.47
	批发业	17	6.59
	零售业	30	11.63
	交通运输业	5	1.94
	仓储业	0	0
	邮政业	0	0
	住宿业	0	0
	餐饮业	24	9.30
	信息传输业	6	2.33
	软件和信息技术服务业	21	8.14
	房地产开发经营	1	0.39
	物业管理	1	0.39
	租赁和商业服务业	18	6.98
	其他行业	69	26.74

好地接收创业环境中的各类信号；60%以上的创业者在此次创业之前的工作年限超过5年，说明大多数创业者是积攒一定工作经验之后才开始自主创业的，但是有24.81%的创业者之前的工作经验和自己现在的创业领域不相关；有近半数的创业者是初次创业，有2次以上创业经历的人还不足10%，说明样本群体的创业经验不够丰富；大多数创业者的父母没有创业经验，也就无法取得天然的创业资源。从员工人数信息可以

看出，大部分创业企业的规模比较小，一半左右的企业员工数量还不足10人，属于小微企业；大部分企业的成立年限不超过5年，尚处于起步或上升阶段。另外，样本企业涉及多个行业，具有较好的代表性。由于样本在以上人口统计学变量或是其他基本变量间表现出一定的差异性，在后续的数据分析中将上述变量作为研究的控制变量加以分析。

4.3 问卷设计

本书的问卷主要由以下四个部分构成（完整的问卷见本书附录一）：

第一部分是样本的基本信息，主要包含样本的人口统计学变量及相关的创业经历、创业现状等基本信息。

第二部分是创业者的创业能力信息，包括机会识别、资源整合、人际关系处理、时间管理、自我学习、团队合作、战略规划及解决问题8个方面的能力，每项能力对应2～4个条目，总共有21个条目。该量表采用李克特5点计分法，1～5分别表示影响程度从“非常大”到“非常小”。

第三部分是关于创业环境的信息，包括资金来源、教育背景、政策环境及市场环境4个方面，总共有16个条目。该量表同样采用李克特5点计分法，“资金来源”维度1～5表示获得难度由“很难”到“较易”，后面三个维度1～5则分别表示影响程度从“非常大”到“非常小”。

第四部分是创业成功的信息，包括创业者对企业发展前景、核心竞争力、成长速度及财务状况4个方面的感受，包含4个条目。该量表仍然采用李克特5点计分法，1～5代表对企业在各维度上的情况感受由“非常好”到“较差”。

4.4 问卷结果检验

4.4.1 信度检验

问卷的信度指的是问卷的可靠程度，即采用同一方法对相同对象进行重复测量，每次得到的结果的一致程度，也就是反映实际情况的程度。本书采用克朗巴哈系数（Cronbach's α）检验问卷的信度水平。一般而言，克朗巴哈系数超过0.7就认为具有一定的信度水平，数值为0.8～0.9代表信度水平相当高，而0.9以上则代表一个非常理想的信度水平。各量表的克朗巴哈系数值见表4-2。

表4-2 **各量表的克朗巴哈系数值**

量表	Cronbach's α	条目数
总量表	0.925	41
创业能力	0.955	21
创业环境	0.805	16
创业成功	0.832	4

表4-2的结果显示，总量表和三个分量表的克朗巴哈系数值都超过了0.8，尤其是总量表和创业能力量表的系数值达到了0.9以上的高水平，说明本书所设计的问卷及各量表都具有很好的信度，数据的可靠程度相当高。

4.4.2 效度检验

问卷的效度就是有效性，指的是利用工具能够准确测量出目标对象真实情况的程度，测量结果与目标对象实际情况越吻合，效度越高，反之则效度越低。效度主要分为内容效度、准则效度和结构效度三种类型。本书主要分析量表的结构效度：采用KMO值和巴特利特（Bartlett）球形检验中的χ^2/df以及显著性水平三个指标来初步判定问卷及各量表的效度水平。通常而言，KMO达到0.7以上就可以进行因子分析，超过0.8就是比较理想的水平，在0.9以上则表示非常适合；同时，χ^2/df的值只要不超过10就代表该模型拟合度可以被接受，在5以下时说明拟合度较为理想，而显著性水平Sig. < 0.05时，说明各因子彼此相关，这样的因子分析是有效的。表4-3列出了总量表及分量

表的效度检验结果。

表4-3　各量表效度检验结果

量表	KMO值	Bartlett球形检验	
		χ^2/df	Sig.
总量表	0.915	6.740	0.000
创业能力	0.944	9.378	0.000
创业环境	0.824	7.721	0.000
创业成功	0.771	9.445	0.000

表4-3的结果显示，所有量表的KMO值都超过了0.7，而且总量表和创业能力量表的KMO值超过了0.9；同时，所有量表的Bartlett球形检验的显著性水平都小于0.05，而χ^2/df的值虽然没有达到5以下这个较为理想的水平，但也都没有超过10，处于能够接受的范围内，即所涉及的问卷具有一定的效度，可以进行因子分析。

首先，对整体问卷进行主成分分析，提取特征值大于1的成分，观察累积方差贡献率。一般认为，只要各成分的累积方差贡献率不低于60%，就代表具有一定的效度。问卷的主成分分析结果见表4-4。

表4-4　问卷主成分分析结果

成分	初始特征值			旋转平方和载入		
	合计	方差百分比（%）	累积百分比（%）	合计	方差百分比（%）	累积百分比（%）
1	13.266	27.637	27.637	10.210	21.272	21.272
2	3.432	7.150	34.787	2.998	6.245	27.517
3	2.757	5.744	40.531	2.847	5.932	33.449

续表

成分	初始特征值			旋转平方和载入		
	合计	方差百分比（%）	累积百分比（%）	合计	方差百分比（%）	累积百分比（%）
4	2.416	5.034	45.565	2.607	5.431	38.880
5	1.593	3.319	48.884	2.292	4.775	43.655
6	1.492	3.108	51.992	2.153	4.486	48.141
7	1.460	3.042	55.034	2.140	4.458	52.599
8	1.413	2.945	57.979	1.689	3.519	56.118
9	1.207	2.515	60.494	1.384	2.882	59.000
10	1.101	2.293	62.787	1.375	2.865	61.865
11	1.027	2.140	64.927	1.339	2.790	64.655
12	1.012	2.088	67.015	1.132	2.259	66.914
13	1.004	1.976	68.991	1.096	2.076	68.990

表4-4的结果显示，一方面，问卷被提取为13个成分，刚好匹配我们3个量表的维度之和，其中创业能力8个维度，创业环境4个维度，创业成功1个维度；另一方面，累积方差百分比为68.990%，高于60%的标准线，说明所提取的这13个成分具有良好的效度。

进一步对各量表进行探索性因子分析，提取各量表维度所对应的因子题项。一般认为，只要因子载荷在0.4以上，就代表具有一定的效度。各量表的因子分析结果见表4-5、表4-6和表4-7（各题项按照因子载荷由大到小排序）。

表4-5　　创业能力量表因子分析结果

维度	题项	因子载荷	特征值	累积方差贡献（%）
解决问题能力	X_{81}	0.744	9.918	23.065
	X_{82}	0.738		
	X_{83}	0.732		
	X_{84}	0.724		
战略规划能力	X_{72}	0.763	4.013	32.398
	X_{71}	0.719		
	X_{73}	0.711		
团队合作能力	X_{63}	0.715	2.969	39.302
	X_{62}	0.687		
	X_{61}	0.552		
自我学习能力	X_{51}	0.805	2.620	45.395
	X_{53}	0.793		
	X_{52}	0.731		
时间管理能力	X_{42}	0.780	2.394	50.963
	X_{41}	0.747		
机会识别能力	X_{12}	0.759	2.333	56.389
	X_{11}	0.738		
资源整合能力	X_{21}	0.730	2.072	61.208
	X_{22}	0.546		
人际关系处理能力	X_{31}	0.685	1.797	65.388
	X_{32}	0.612		

表4-6 创业环境量表因子分析结果

维度	题项	因子载荷	特征值	累积方差贡献（%）
政策环境	U_{32}	0.775	3.326	20.788
	U_{34}	0.717		
	U_{35}	0.669		
	U_{31}	0.663		
	U_{33}	0.654		
资金来源	U_{15}	0.841	2.440	36.038
	U_{14}	0.832		
	U_{12}	0.732		
	U_{13}	0.632		
	U_{11}	0.579		
市场环境	U_{43}	0.819	2.139	49.409
	U_{44}	0.784		
	U_{42}	0.591		
	U_{41}	0.579		
教育背景	U_{21}	0.713	1.750	70.344
	U_{22}	0.685		

表4-7 创业成功量表因子分析结果

维度	题项	因子负荷	特征值	累积方差贡献（%）
创业成功	Y_3	0.873	2.679	66.981
	Y_2	0.855		
	Y_1	0.772		
	Y_4	0.768		

上述3个量表的因子分析结果显示，各量表所有题项的因子载荷都超过了0.4，即所有题项都予以保留。同时，所有量表的累积方差贡献都超过了60%，说明各量表的有效性水平都在可接受的范围内，利用这些量表所收集的数据具有一定的可靠性和有效性，保证了后续分析结果的科学有效性。

5　数据分析与假设检验

5.1　描述性统计分析

利用SPSS24.0软件得出创业能力、创业环境、创业成功及其各维度的均值和标准差结果，见表5-1。

表5-1　研究变量描述性统计

变量	均值	标准差
创业能力	1.73	0.57
机会识别能力	1.76	0.75
资源整合能力	1.94	0.78
人际关系处理能力	1.64	0.71
时间管理能力	1.74	0.71
自我学习能力	1.80	0.72

续表

变量	均值	标准差
团队合作能力	1.66	0.61
战略规划能力	1.68	0.67
解决问题能力	1.66	0.67
创业环境	2.38	0.52
资金来源	2.41	0.78
教育背景	2.28	0.84
政策环境	2.43	0.77
市场环境	2.34	0.70
创业成功	2.34	0.68

由表5-1可知，样本创业者在各个变量上的均值都没有达到3，其中创业能力各维度的均值都没有超过2，而该量表采取反向计分的方式，分值越小说明影响程度越大，即创业者的创业能力处于较高的水平，为创业成功奠定了一定的能力基础。创业环境各维度的均值也都处于2和3之间，说明创业者认为创业环境对自己取得创业成功具有一定的影响力。同时，创业者对自己创业成功的感受处于中上水平，认为自己的公司与其他创业企业相比，在发展前景、核心竞争力、成长速度和财务状况4个指标方面处于较好的状态。

5.2 相关分析

在对各变量进行回归分析之前，先对其进行相关性检验，初步了解变量间的相关关系，表5-2列出了各变量间的相关系数及显著性水平。

由表5-2可知，首先，创业能力的8个维度分别与创业成功显著正相关，即拥有较强创业能力的创业者更容易取得创业成功。其次，创业环境与创业成功显著正相关，说明良好的创业环境有助于创业者取得成

表5-2 研究变量相关系数及显著性水平

变量		1	2	3	4	5	6	7	8	9	10	11	12	13
1 机会识别能力	相关性	1												
	显著性													
	N	258												
2 资源整合能力	相关性	0.652	1											
	显著性	0.000												
	N	258	258											
3 人际关系处理能力	相关性	0.589	0.560	1										
	显著性	0.000	0.000											
	N	258	258	258										
4 时间管理能力	相关性	0.436	0.467	0.659	1									
	显著性	0.000	0.000	0.000										
	N	258	258	258	258									
5 自我学习能力	相关性	0.430	0.532	0.600	0.645	1								
	显著性	0.000	0.000	0.000	0.000									
	N	258	258	258	258	258								
6 团队合作能力	相关性	0.462	0.486	0.580	0.637	0.633	1							
	显著性	0.000	0.000	0.000	0.000	0.000								
	N	258	258	258	258	258	258							
7 战略规划能力	相关性	0.543	0.566	0.622	0.631	0.618	0.734	1						
	显著性	0.000	0.000	0.000	0.000	0.000	0.000							
	N	258	258	258	258	258	258	258						

续表

变量		1	2	3	4	5	6	7	8	9	10	11	12	13
8 解决问题能力	相关性	0.565	0.613	0.633	0.657	0.651	0.710	0.813	1					
	显著性	0.000	0.000	0.000	0.000	0.000	0.000	0.000						
	N	258	258	258	258	258	258	258	258					
9 资金来源	相关性	0.069	0.059	0.000	0.204	0.129	0.172	0.101	0.127	1				
	显著性	0.268	0.345	0.001	0.001	0.038	0.006	0.105	0.041					
	N	258	258	258	258	258	258	258	258	258				
10 教育背景	相关性	0.000	0.145	0.245	0.219	0.180	0.258	0.265	0.233	0.127	1			
	显著性	0.001	0.020	0.000	0.000	0.004	0.000	0.000	0.000	0.042				
	N	258	258	258	258	258	258	258	258	258	258			
11 政策环境	相关性	0.364	0.339	0.392	0.308	0.382	0.445	0.386	0.410	0.041	0.521	1		
	显著性	0.000	0.000	0.000	0.000	0.000	0.000	0.000	0.000	0.509	0.000			
	N	258	258	258	258	258	258	258	258	258	258	258		
12 市场环境	相关性	0.312	0.245	0.375	0.290	0.251	0.335	0.344	0.363	0.173	0.436	0.583	1	
	显著性	0.000	0.000	0.000	0.000	0.000	0.000	0.000	0.000	0.005	0.000	0.000		
	N	258	258	258	258	258	258	258	258	258	258	258	258	
13 创业成功	相关性	0.178	0.133	0.137	0.127	0.172	0.153	0.230	0.191	0.128	0.150	0.208	0.200	1
	显著性	0.004	0.032	0.027	0.042	0.006	0.014	0.000	0.002	0.044	0.016	0.001	0.001	
	N	258	258	258	258	258	258	258	258	258	258	258	258	258

功。另外，只有创业环境中的资金来源维度与创业能力中的人际关系处理能力维度不相关，创业环境中的教育背景维度与创业能力中机会识别能力维度不相关，而其他变量之间都显著相关。综上，各核心变量间具有较强的相关性，可以对其进行回归分析，明确三者间的作用路径。

5.3 回归分析

5.3.1 创业能力对创业成功的影响

通过上述的相关分析，本书初步判定了各变量间具有一定程度的相关性，为进一步探究创业能力对创业成功具体的影响效果，在控制人口统计学变量的基础上，以创业能力的各个维度为自变量、创业成功为因变量，分析二者具体的作用关系。表5-3显示了模型的拟合优度情况。

表5-3　**模型拟合优度**

模型	R	R^2	调整 R^2	标准估计的误差
创业能力-创业成功	0.652[a]	0.425	0.396	0.466

a：机会识别能力、资源整合能力、人际关系处理能力、时间管理能力、自我学习能力、团队合作能力、战略规划能力、解决问题能力。

表5-3的结果显示，创业能力与创业成功的回归模型，判定系数为0.425，调整后的系数为0.396，说明该模型可以解释创业成功39.6%的变化程度。进一步分析该模型的方差情况，结果见表5-4。

表5-4　**方差分析表**

模型		平方和	df	均方	F	Sig.
创业能力-创业成功	回归	59.618	8	7.452	10.104	0.000[a]
	残差	27.859	249	0.112		
	总计	87.477	257			

a：机会识别能力、资源整合能力、人际关系处理能力、时间管理能力、自我学习能力、团队合作能力、战略规划能力、解决问题能力。

表5-4的结果显示，该模型的回归平方和为59.618，说明该回归方程能够解释总体变化的59.618%，同时，该模型的F统计值显著性水平为小于0.05，说明所引入的这个模型的总体回归效果是显著的。

最后，在模型回归结果理想的基础上，分别对创业能力各个维度与创业成功进行相应回归，结果见表5-5。

表5-5 **创业能力各维度与创业成功的回归结果**

自变量	非标准化系数		标准化系数	t	Sig.
	B	标准误差	试用版		
（常量）	-0.727	-0.052		14.010	0.000
机会识别能力	0.204	0.036	0.213	5.680	0.000
资源整合能力	0.193	0.042	0.253	4.593	0.000
人际关系处理能力	1.773	0.372	0.241	4.762	0.000
时间管理能力	0.128	0.046	0.146	2.794	0.006
自我学习能力	0.167	0.073	0.194	2.279	0.031
团队合作能力	0.215	0.040	0.252	5.352	0.000
战略规划能力	0.207	0.088	0.228	2.361	0.021
解决问题能力	0.160	0.065	0.185	2.449	0.011

回归结果显示：第一，创业能力的8个维度的系数显著性水平都小于0.05，说明在5%显著性水平上，创业能力8个维度的系数都显著不为0，都应该纳入该模型中。第二，创业能力的8个维度都与创业成功显著正相关，其中资源整合能力的标准化系数最大，说明资源整合能力对创业成功的影响最大，时间管理能力的标准化系数最小，说明该项能力对创业成功的影响最小。由此可得，创业能力的8个维度按照影响创业成功的程度由大到小排序，分别为：资源整合能力、团队合作能力、人际关系处理能力、战略规划能力、机会识别能力、自我学习能力、解决问题能力、时间管理能力。

综上，得到创业能力与创业成功的标准回归方程：

$$Y=0.213X_1+0.253X_2+0.241X_3+0.146X_4+0.194X_5+0.252X_6+0.228X_7+0.185X_8$$

式中：X_1至X_8分别表示机会识别能力、资源整合能力、人际关系处理能力、时间管理能力、自我学习能力、团队合作能力、战略规划能力、解决问题能力；Y表示创业成功。

由此，假设H1-1、H1-2、H1-3、H1-4、H1-5、H1-6、H1-7、H1-8都通过了验证。

5.3.2 创业环境的调节效应

为了进一步探究创业环境对创业者创业能力发挥程度的影响，以及对创业成功的影响，特引入创业环境作为调节变量，分析其4个维度在创业能力与创业成功间起到的调节作用。

（1）资金来源在创业能力与创业成功间的调节作用

首先，将资金来源作为调节变量，构造交互项（标准化创业能力×标准化资金来源），建立资金来源对创业能力与创业成功关系的调节模型，先分析该模型的拟合优度情况，结果见表5-6。

表5-6 **模型拟合优度**

模型	R	R^2	调整 R^2	标准估计的误差
创业能力、资金来源、创业成功	0.619[a]	0.383	0.368	0.496

a：机会识别能力、资源整合能力、人际关系处理能力、时间管理能力、自我学习能力、团队合作能力、战略规划能力、解决问题能力、资金来源、交互项。

由表5-6可知，资金来源对创业能力与创业成功关系的调节模型，判定系数为0.383，调整后的系数为0.368，说明该模型可以解释创业成功36.8%的变化程度。进一步分析该模型的方差情况，结果见表5-7。

表5-7 **方差分析表**

模型		平方和	df	均方	F	Sig.
创业能力、资金来源、创业成功	回归	43.804	3	14.601	4.274	0.006[a]
	残差	19.673	254	0.077		
	总计	63.477	257			

a：机会识别能力、资源整合能力、人际关系处理能力、时间管理能力、自我学习能力、团队合作能力、战略规划能力、解决问题能力、资金来源、交互项。

表5-7结果显示，该模型的回归平方和为43.804，说明该回归方程能够解释总体变化的43.804%；同时，该模型的F统计值显著件水平小于0.05，说明所引入的这个模型的总体回归效果是显著的。

进一步检验资金来源在创业能力与创业成功关系中的调节作用，结果见表5-8。

表5-8 资金来源在创业能力与创业成功间的调节作用检验结果

变量	非标准化系数		标准化系数	t	Sig.
	B	标准误差	试用版		
（常量）	2.014	0.750		2.684	0.009
创业能力	0.145	0.049	0.197	2.946	0.004
资金来源	−0.134	0.035	−0.148	−3.781	0.002
交互项	0.002	0.001	0.052	2.793	0.004

表5-8中的结果显示：第一，引入资金来源与交互项后，创业能力仍与创业成功显著正相关，而且资金来源负向影响创业成功，说明资金越难获得，创业者就越不容易取得创业成功。第二，交互项系数的显著性水平小于0.01，说明在1%的显著性水平上，资金来源在创业能力与创业成功间起到正向调节作用，即资金越容易获得，创业者创业能力对其创业成功的影响就越大。

进一步得到资金来源在创业能力与创业成功间的调节作用标准化方程：

$$Y=0.197X-0.148U+0.052X\cdot U$$

式中：X代表创业能力；U代表资金来源；Y代表创业成功。

由此，假设H2-1通过了检验。

（2）教育背景在创业能力与创业成功间的调节作用

将教育背景作为调节变量，构造交互项（标准化创业能力×标准化教育背景），建立教育背景对创业能力与创业成功关系的调节模型。该模型的拟合优度结果见表5-9。

表5-9　**模型拟合优度**

模型	R	R^2	调整 R^2	标准估计的误差
创业能力、教育背景、创业成功	0.626[a]	0.392	0.372	0.490

a：机会识别能力、资源整合能力、人际关系处理能力、时间管理能力、自我学习能力、团队合作能力、战略规划能力、解决问题能力、教育背景、交互项。

由表5-9可知，教育背景对创业能力与创业成功关系的调节模型，判定系数为0.392，调整后的系数为0.372，说明该模型可以解释创业成功37.2%的变化程度。进一步分析该模型的方差情况，结果见表5-10。

表5-10　**方差分析表**

模型		平方和	df	均方	F	Sig.
创业能力、教育背景、创业成功	回归	45.501	3	15.167	4.756	0.003[a]
	残差	18.975	254	0.075		
	总计	64.476	257			

a：机会识别能力、资源整合能力、人际关系处理能力、时间管理能力、自我学习能力、团队合作能力、战略规划能力、解决问题能力、教育背景、交互项。

由表5-10可知，该模型的回归平方和为45.501，说明该回归方程能够解释总体变化的45.501%；同时，该模型的F统计值显著性水平小于0.05，说明所引入的这个模型的总体回归效果是显著的。

进一步检验教育背景在创业能力与创业成功间的调节作用，结果见表5-11。

表5-11　**教育背景在创业能力与创业成功间的调节作用检验结果**

变量	非标准化系数		标准化系数	t	Sig.
	B	标准误差	试用版		
（常量）	1.860	0.743		2.503	0.010
创业能力	0.043	0.015	0.187	2.793	0.006
教育背景	0.162	0.065	0.101	2.495	0.011
交互项	−0.002	0.006	−0.018	−0.272	0.786

由表5-11可知，首先，教育背景与创业成功显著正相关，说明教育水平在一定程度上能够正向影响创业成功，高学历的创业者有时更容易取得创业成功。其次，交互项系数的显著性水平为0.786，大于0.05，说明教育背景在创业能力与创业成功间并未发挥调节作用，即创业能力与创业成功的关系并不受教育背景的影响。据此，假设H2-2未通过检验。

（3）政策环境在创业能力与创业成功间的调节作用

引入政策环境作为调节变量，同样构造交互项（标准化创业能力×标准化政策环境），建立政策环境对创业能力与创业成功关系的调节模型。该模型的拟合优度结果见表5-12。

表5-12 **模型拟合优度**

模型	R	R^2	调整 R^2	标准估计的误差
创业能力、政策环境、创业成功	0.639[a]	0.408	0.379	0.486

a：机会识别能力、资源整合能力、人际关系处理能力、时间管理能力、自我学习能力、团队合作能力、战略规划能力、解决问题能力、政策环境、交互项。

由表5-12可知，政策环境对创业能力与创业成功关系的调节模型，判定系数为0.408，调整后的系数为0.379，说明该模型可以解释创业成功37.9%的变化程度。进一步分析该模型的方差情况，结果见表5-13。

表5-13 **方差分析表**

模型		平方和	df	均方	F	Sig.
创业能力、政策环境、创业成功	回归	51.451	3	17.150	6.073	0.001[a]
	残差	16.025	254	0.063		
	总计	67.476	257			

a：机会识别能力、资源整合能力、人际关系处理能力、时间管理能力、自我学习能力、团队合作能力、战略规划能力、解决问题能力、政策环境、交互项。

表5-13的结果显示，该模型的回归平方和为51.451，说明该回归

方程能够解释总体变化的51.451%，处于一个较高的水平；同时，该模型的F统计值显著性水平小于0.01，说明所引入的这个模型的总体回归效果是显著的。

进一步检验政策环境在创业能力与创业成功间的调节作用，结果见表5-14。

表5-14　**政策环境在创业能力与创业成功间的调节作用检验结果**

变量	非标准化系数		标准化系数	t	Sig.
	B	标准误差	试用版		
（常量）	1.080	0.523		2.063	0.044
创业能力	0.123	0.044	0.172	2.789	0.007
政策环境	0.101	0.049	0.143	2.081	0.038
交互项	0.004	0.002	0.097	2.072	0.042

表5-14的结果显示，引入调节变量与交互项后，创业能力仍与创业成功显著正相关，同时政策环境也与创业成功显著正相关，说明政策环境越好，创业者越容易取得创业成功。另外，交互项系数的显著性水平小于0.05，说明政策环境在创业能力与创业成功间存在正向调节作用，即政策环境越好，创业者创业能力对其创业成功的影响就越大。

进一步得到政策环境在创业能力与创业成功间的调节作用标准化方程：

$$Y=0.172X+0.143U+0.097X\cdot U$$

式中：X代表创业能力；U代表政策环境；Y代表创业成功。

因此，假设H2-3通过了验证。

（4）市场环境在创业能力与创业成功间的调节作用

将市场环境作为调节变量，同样构造交互项（标准化创业能力×标准化市场环境），建立市场环境对创业能力与创业成功关系的调节模型。该模型的拟合优度结果见表5-15。

表5-15 **模型拟合优度**

模型	R	R^2	调整 R^2	标准估计的误差
创业能力、市场环境、创业成功	0.629[a]	0.396	0.372	0.488

a：机会识别能力、资源整合能力、人际关系处理能力、时间管理能力、自我学习能力、团队合作能力、战略规划能力、解决问题能力、市场环境、交互项。

由表5-15可知，市场环境对创业能力与创业成功关系的调节模型，判定系数为0.396，调整后的系数为0.372，说明该模型可以解释创业成功37.2%的变化程度。进一步分析该模型的方差情况，结果见表5-16。

表5-16 **方差分析表**

模型		平方和	df	均方	F	Sig.
创业能力、市场环境、创业成功	回归	49.118	3	16.373	6.004	0.001[a]
	残差	17.359	254	0.068		
	总计	66.477	257			

a：机会识别能力、资源整合能力、人际关系处理能力、时间管理能力、自我学习能力、团队合作能力、战略规划能力、解决问题能力、市场环境、交互项。

表5-16中的结果显示，该模型的回归平方和为49.118，说明该回归方程能够解释总体变化的49.118%；同时，该模型的F统计值显著性水平小于0.01，说明所引入的这个模型的总体回归效果是显著的。

进一步检验市场环境在创业能力与创业成功间的调节作用，结果见表5-17。

表5-17 **市场环境在创业能力与创业成功间的调节作用检验结果**

变量	非标准化系数		标准化系数	t	Sig.
	B	标准误差	试用版		
（常量）	1.153	0.568		2.031	0.045
创业能力	0.126	0.031	0.212	4.052	0.001
市场环境	0.143	0.064	0.147	2.222	0.027
交互项	0.004	0.001	0.088	3.798	0.002

表5-17显示，引入调节变量与交互项后，创业能力仍与创业成功

显著正相关，同时市场环境也与创业成功显著正相关，说明市场环境越理想，创业者越容易取得创业成功。另外，交互项系数的显著性水平小于0.01，说明市场环境在创业能力与创业成功关系中存在正向调节作用，即市场环境越好，创业者创业能力对其创业成功的影响就越大。

进一步得到市场环境在创业能力与创业成功间的调节作用标准化方程：

$$Y=0.212X+0.147U+0.088X\cdot U$$

式中：X代表创业能力；U代表市场环境；Y代表创业成功。

因此，假设H2-4得到了验证。

5.4 假设检验结果小结

本章通过对创业能力、创业环境、创业成功间关系的回归分析，对前文提出的假设进行了检验，所有假设的检验结果见表5-18。

表5-18 **假设检验结果**

假设	结论
H1-1：机会识别能力与创业成功显著正相关	成立
H1-2：资源整合能力与创业成功显著正相关	成立
H1-3：人际关系处理能力与创业成功显著正相关	成立
H1-4：时间管理能力与创业成功显著正相关	成立
H1-5：自我学习能力与创业成功显著正相关	成立
H1-6：团队合作能力与创业成功显著正相关	成立
H1-7：战略规划能力与创业成功显著正相关	成立
H1-8：解决问题能力与创业成功显著正相关	成立
H2-1：资金来源在创业能力与创业成功间起到调节作用	成立
H2-2：教育背景在创业能力与创业成功间起到调节作用	不成立
H2-3：政策环境在创业能力与创业成功间起到调节作用	成立
H2-4：市场环境在创业能力与创业成功间起到调节作用	成立

5.5 理论模型修正

通过上述对创业能力、创业环境、创业成功间关系的回归分析，前文所提出的假设，部分得到了验证，需要根据结论对理论模型进行修正。修正后的理论模型如图 5-1 所示。

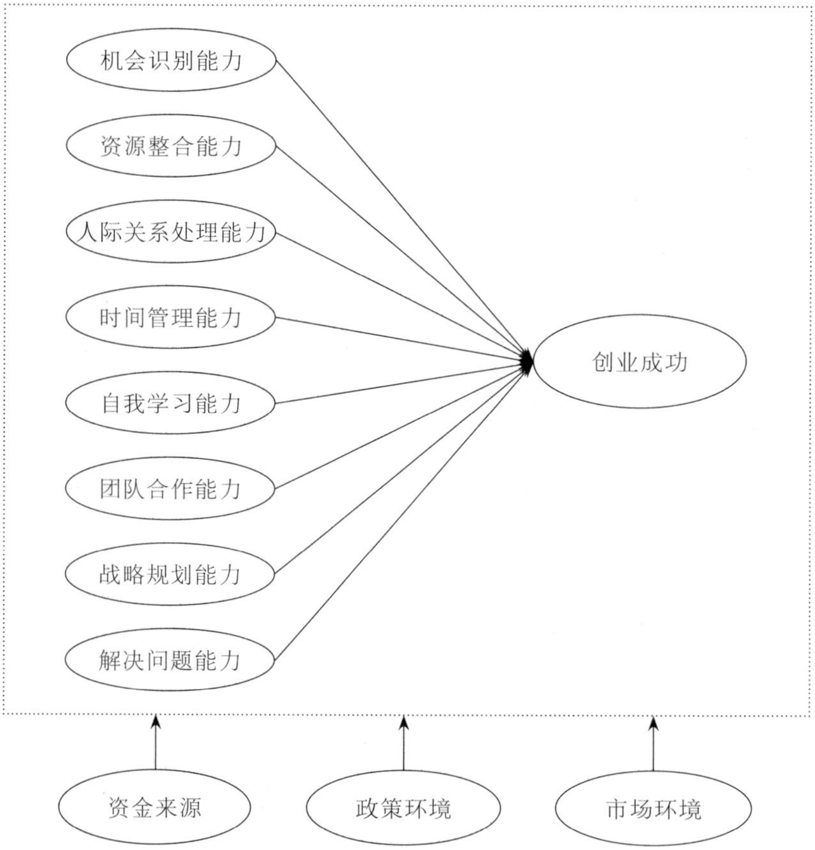

图 5-1 理论模型修正

5.6 模型结果解释

本书以民营企业创业者为研究对象，引入创业环境作为调节变量，研究创业能力与创业成功的关系。首先，通过问卷调查的方式收集创业者创业能力、创业成功以及所处创业环境的相关信息，然后采用回归分析方法分析三者间的作用关系与途径。下面对各项结论进行解释。

5.6.1 创业者创业能力各维度与创业成功显著正相关

对创业者创业能力与创业成功的回归分析结果显示，创业者创业能力的8个维度都与创业成功显著正相关，即能够敏锐识别市场机会、善于整合各项资源、擅长处理人际关系、拥有较强的时间观念、能够自主学习、乐于团队合作、具备战略思维而且能有效解决问题的创业者，更容易在创业中取得成功。另外，这8项能力对创业成功的影响程度由大到小依次为资源整合能力、团队合作能力、人际关系处理能力、战略规划能力、机会识别能力、自我学习能力、解决问题能力、时间管理能力，即创业者的资源整合能力对其创业成功的影响程度最大，善于整合各项资源的创业者拥有更多的机会取得创业成功，这是创业者必须具备的一项重要能力。

我们正处在一个快速变化和发展的社会，一个充满机遇和挑战的时代，快速发展的背后暗藏着无数商机，这要求创业者有敏锐的市场洞察力和战略眼光，能够透过纷繁复杂的表象识别背后真正的机会，认清对自己真正有利的资源，比他人抢先一步识别并抓住机会，整合各类资源为自己所用，才能在市场中占有一席之地，在行业中掌握主动权。

当今的社会是一个拥有复杂交际网的社会，人与人之间通过各种联系交织在一起，离开人际网、离开团队的创业者是孤独的，也是不可能成功的，只有真正擅长交际，能够融入团队、与成员合作，激励下属充分发挥各自所长的创业者才能发挥集聚效应和人才效应，为创业成功助添力量。

社会快速发展，知识和技术日新月异，对创业者提出了更高的要求和挑战，只有乐于学习并擅长学习，自主自发进行自我充电、自我提升，注重时间规划，能够合理有效利用每分钟的创业者，才能跟上时代的发展步伐，与时俱进，适应市场，适应消费者需求，也才能为自己赢得一份商机。

无论是在创业前期还是在创业过程中，创业者都会遇到各种各样的困难和挑战，这时良好的心态和解决问题的能力就显得尤为重要。在困难面前能够从容淡定地寻找解决方法而不是自怨自艾的创业者才是社会、市场和消费者需要的创业者，也是能够取得最终成功的创业者。

5.6.2 创业环境部分维度在创业能力与创业成功间起到正向调节作用

引入创业环境4个维度作为调节变量后，考察其对创业能力与创业成功之间关系的影响情况，发现资金来源、政策环境和市场环境能够正向调节创业能力与创业成功的关系，而教育背景对二者的关系并不产生影响。这说明资金越容易获得、政府制定的政策越积极、市场越活跃，创业者越能发挥自身的创业能力，取得创业成功的可能性越大；而无论创业者的文化程度是高还是低，其创业能力对创业成功的影响都没有明显差别。另外，在3个正向调节维度中，政策环境对创业能力与创业成功关系的调节作用最大，其次是市场环境，最后才是资金来源，即在良好开放的政策环境中，创业者的创业能力能够得到充分发挥，创业能力对创业成功产生的影响也最大。

对于创业者而言，首先，筹集创业资金是第一步，也是能否创立一家企业的前提，只有较快筹集到资金，创业者才有可能开启自主创业之路，进而让自己的才能在创业过程中得到体现和发挥。

其次，在税收优惠、资金投入、规则程序以及基础设施方面，如果政府的政策倾向于开放包容，鼓励、扶持自主创业，那么创业者更容易克服一些外在的阻力和障碍，其创业之路就会更加顺利，其创业能力在这种开放包容的政策环境中也更容易得到体现和发挥。

再次，新创企业最终要接受市场和消费者的检验，如果行业内竞争企业数量较少，顾客自由选择的空间比较大，整个市场又处于比较开放自由的状态，那么该市场对创业者比较包容，创业者有更大的空间挖掘机会和发展，这样自然就能够激发创业者的创业能力，即创业者在自由开放的市场环境中更容易通过自身的能力和努力在创业之路上取得佳绩。

最后，创业者的教育背景主要影响其创业能力和创业思维，在创业能力相对固定的情况下，能力的发挥程度并不会因为个人学历的高低而改变，即创业者无论学历高低，既然选择了创业，一般对创业都充满热情，都希望最大限度地发挥自身的主观能动性，通过自身的能力与努力取得最好的成绩，因此教育背景不会对其能力的发挥构成限制和障碍，也就是说，教育背景不会调节创业能力对创业成功的影响程度。

6 创业者创业能力提升途径

前文对创业者创业能力、创业环境以及创业成功关系的研究，证实了创业者自身能力和周围环境都会对其创业成功产生一定的影响，因此对于创业者个人而言，要着眼于自身能力的提升以及加强对周围环境的适应能力；对于政府而言，可以通过制定鼓励创业的政策措施营造良好的创业环境，扶持新创企业发展。

6.1 创业能力提升的内部驱动策略

6.1.1 提高自身综合能力

实力才是硬道理，无论创业者处于什么样的环境中，只有自身综合能力过硬，才能在市场竞争中占有一席之地，也才能收获属于自己的成功，因此创业者第一步要做的是努力增强各方面的实力，为创业打下坚实的基础。

（1）提高市场敏锐度

市场处于不断变化和发展中，背后也隐藏着无数商机，这就需要创业者不断提高市场敏锐度，透过种种表面现象识别并抓住背后的机遇。

第一，要学会识别商机。机遇对每个人都是平等的，之所以最终会出现不同的结果，是因为有些人敏锐地识别并迅速抓住了机遇。创业者一定要及时掌握并定期分析市场信息，了解市场的周期性变化及未来走势。例如，创业者可以通过参加行业峰会、产业论坛等活动，与业内人士沟通交流，了解、剖析市场情况。同时，创业者要在纷杂的信息中寻找适合自己的商机，并迅速抓住它，快人一步抢占市场。

第二，要培养战略眼光。企业的战略定位和长期规划直接关系到企业的生存与发展，因此创业者要培养战略思维，目光要放长远，不能局限于眼前的利益，要站在一定的高度去观察分析整个市场和行业，拥有大局观；同时，要根据市场环境和企业的实际情况，合理制定短期和长期发展规划，将具体规划与战略定位结合起来，做到有计划、有步骤，积极从容地应对环境带来的挑战。

第三，要学会整合各项资源。资源保存理论将资源划分为物质资源、条件资源、能量资源以及个体特征资源四类。所有资源都以各自独特的方式存在于社会中，每项资源都是零散的，似乎不相联系或容易被我们忽略。创业者要在众多社会资源中迅速找到自己需要的资源，并将这些资源整合起来，让它们在发挥各自功能的同时发挥整体效应。当创业者拥有了所需的资源时，也就拥有了前进的资本和勇气，因为这些资源为创业路上的成功奠定了坚实的基础。

（2）增强执行力

执行是将目标转化为实际行动的过程，而高效的执行力是取得理想结果的催化剂，能够加速目标的转化过程，可以说高效的执行力是创业者取得成功的重要条件之一。

第一，要有强烈的时间观念。时间是最公平的，每个人的一天都是24小时，对时间的利用效率不同，自然就会出现不同的结果。对于创业者而言，一天当中需要处理的大小事务众多，必须学会合理安排和管理时间。首先，要将这些事务按照轻重缓急进行划分和排序，有条理有规划地将时间分配给不同的事务，这样才能保证高效率、高质量地完成任务，而不至于浪费时间，也可以避免因为事务繁多而错过了真正重要的事情，造成不必要的损失。

第二，要树立终身学习的理念。在快速发展的社会中，只有不断学习、不断给自己充电，才能及时跟上社会前进的步伐，才能保持自己的竞争优势，而不被社会淘汰。创业者在创业过程中必须积极主动地自我学习、自我充电，可以继续深造或参加系统的培训，也可以多参加行业会议，多与业内人士交流沟通，多向身边优秀的同事、朋友学习经验。其实生活中处处都有学问，人人都可以成为老师，只要有一颗谦虚好学之心，就能不知不觉学到很多知识，进一步提升自己的知识和技能水平，开阔眼界，增强应对商业难题的能力，取得更好的成绩。

（3）提升个人亲和力

创业不是一个人单打独斗就能成功的，必须靠一群人共同努力，而成功的创业者并不都是能力最突出的那个人，而是最懂得聚集人才的人。如果一群有能力的人才愿意和创业者共事，那么这样的创业者无疑就是成功的创业者，这样的个人和团队自然能够取得好成绩。因此，创业者很重要的一点是要提升个人魅力和亲和力，吸引更多的人才，打造优秀的团队。

第一，培养一定的人际敏感度。人是主观性很强的感情动物，很多时候做事都是出于某种感情，创业者一定要擅长处理各种人际关系。首先，要处理好与员工的关系，要将员工视为自己的合作伙伴，给予员工一定的工作自主权，让他们在一定范围内充分发挥自身的主观能动性，在良好的人际关系氛围中提高他们的满意度和忠诚度，创建事业乃至命运共同体，让大家一起为了共同的目标而努力奋斗。其次，要处理好与竞争对手的关系。好的竞争对手能够激励我们变得更加优秀，因此创业者不能一味地否定竞争对手，要学会和他们做朋友，用欣赏的眼光去观察竞争对手，从他们身上学习成功的经验、吸取失败的教训，让自己少走一些弯路。最后，要处理好与合作伙伴的关系。创业者要以谦虚而不谦卑的态度对待合作伙伴，虚心向它们学习宝贵的经验，与它们进行平等的沟通交流，但在一些关键问题上，一定要懂得守住自己的底线，绝不能为了维护所谓的“关系”而丢失自己的底线和原则，一定要在自己的原则之上与它们平等相处。

第二，学会团队合作。创业者一定要建立自己的创业团队并与团队成员精诚合作。首先，创业者一定要以谦虚平等的态度与大家相处。即使创业者个人的能力再强，也不可能自己一个人完成全部的工作，也不可能照顾到所有的细节，这就需要一个优秀的团队一起努力，而创业者必须抱有谦虚平等的态度才能聚集到优秀的人才，并与大家融洽相处。其次，创业者要学会与成员们通力合作。团队要发挥出良好的效应，除了每个人都要尽力发挥自己的才能外，更重要的一点就是成员要彼此配合与协作。当然，创业者也要将自己融入团队中，与团队成员共同商议做出重要决策，及时与成员分享、讨论新的创意和想法，合理分配每位成员的工作，让大家都能在团队中找到属于自己的位置，彼此取长补短，通过大家的互相配合与通力协作，走向最终的成功。

（4）学会泰然自若

成功的道路是狭窄的、充满荆棘的，创业者会遇到很多未知的挑战和困难，唯有泰然自若才能从容应对，积极寻找解决问题的办法。

第一，培养积极乐观的心态。态度决定一切，阳光的心态能够帮助创业者笑对困难，不退缩不害怕，保持健康向上的拼搏精神，而这是采取积极行动的基础和前提。因此，创业者需要经常给自己一些心理暗示，多用积极乐观的眼光看待世界，多与乐观开朗的人接触交流，多参加户外活动、感受大自然的魅力，有意识地培养自己积极乐观、勇往直前的阳光心态。

第二，学会解决问题。既然问题出现了，就要想办法去解决它，将问题转化为机遇。首先，要学会居安思危。即使是在顺境中，创业者也要有危机意识，及时察觉到危险的信号，将问题和危险扼杀在摇篮中。其次，要寻找解决问题的方法。当问题真正出现时，首先要做的就是沉着、冷静地分析问题，努力找到问题的根源，然后对症下药，一步步寻找解决问题的方法，争取以最快速度解决问题，将损失降到最低。

6.1.2 增强环境适应力

研究发现，创业环境对创业者创业能力的发挥以及最终的创业结果都会产生影响，因此创业者必须时刻关注环境的变化，提升自己对环境的适应力。

（1）密切关注环境

无论是政府出台的相关政策还是市场的客观环境，都会或多或少地影响创业者最终的创业结果。因此，创业者一定要有环境意识，要密切关注环境的变化。首先，要密切关注金融市场的变化。市场利率、汇率、投融资渠道等都会影响创业资金的来源和流转，创业者必须及时掌握金融市场的动态，保证资金方面的稳定。

其次，要密切关注政府的政策。政府作为有形的手，能够对市场环境产生显著的影响，其出台的财政、税收、基础设施等方面的政策都会对创业企业产生影响，创业者必须紧密关注政府的政策情况，及时抓住有利政策，取得政府支持，规避不利政策，避免造成损失。

最后，要密切关注市场环境的变化。创业者要关注竞争对手的情况，根据竞争对手的动态适时调整策略，以最好的姿态迎接竞争。同时，创业者要关注消费者的情况。消费者是企业最终的评判者，只有真正抓住消费者的需求和偏好，才能投其所好，赢得他们的满意和忠诚。因此，创业者要定期调查消费者的消费需求和偏好，时调整产品和营销策略，最大限度地满足消费者需求、引导消费者消费，从而在激烈的竞争中赢得更多的消费者，巩固企业在市场中的地位和优势。

（2）主动适应环境

环境是不断变化和发展的，只有根据环境的变化适时调整自己的行为和规划，才能适应环境。首先，创业者要根据环境的变化调整企业的战略规划。企业战略一定是基于市场和企业自身的实际情况综合制定的，当大环境发生变化时，创业者必须审时度势，相应调整企业的战略定位和未来规划，使之始终与市场大环境、消费者的消费倾向相匹配。

其次，创业者要根据环境的变化调整企业的营销策略。企业的营销策略和营销方式只有真正适合市场、适合消费者，才能取得成功。因此，当环境发生变化时，创业者要重新调查市场，了解市场新的发展趋势，掌握消费者新的消费偏好和消费倾向，根据这些变化及时制订新的营销方案，最大限度迎合市场的需求和偏好，实现经营效益最大化。

6.1.3 转变学习理念，塑造社会网络学习行为

创业者的创业能力是可以通过学习获得的（Bird，1995[121]；Rae和Carswell，2000[162]），这使得寻找创业能力的提升路径变得有意义。随着创业活动的开展，民营企业创业者深感环境变化对自身的能力和素质提出了更高的要求。学习什么？怎样学？向谁学？这些是创业者共同面临的问题，他们急需找到有效的学习途径和学习方法。因此，转变学习理念、拓展学习渠道是民营企业创业者面临的当务之急。本书通过理论分析及访谈发现，在社会网络中进行创业学习有助于提升民营企业创业者的创业能力，创业者们具体可以从以下几个方面做出努力：

（1）转变学习理念，在社会网络中学习

创业者在构建网络关系的过程中与网络成员的互动也伴随着一个学习过程，但我们在与民营企业创业者的访谈中发现，他们在构建网络关系的时候并没有意识到要主动向网络成员学习，也没有全面地了解网络成员所拥有的隐性知识和信息，在运用这些知识和信息的过程中也没有很好地结合自身的实际情况，更多的是将这种学习视为一种网络关系发展的偶然的副产品。

民营企业创业者应增强主动学习的意愿，树立起开放式、外向型的学习理念，在社会网络中善于发现并充分利用学习机会，通过交流、模仿、请求指导等方式向网络成员学习，尽最大努力提升自己。社会网络学习具有低成本优势，创业者在明确自身现有能力水平的基础上，可以积极拓展网络的广度、提升网络的异质性，与网络成员建立相互信任和较为亲密的关系、共同分享多样化的知识和信息，从中获取创业所需的知识、技能，不断积累企业运营方面的经验和教训，增强将经验转化为知识的能力。

当然，利用社会网络进行学习并不是盲目地乱用网络资源。当前，民营企业创业者在学习中容易出现的一个问题是见到什么学什么，见谁

学谁，大到企业战略的制定，小到日常的管理事务，都没有与企业的实际情况相结合，这样的学习不仅无益于企业发展，还有可能使企业反受其害。本书建议，民营企业创业者在选择网络学习的对象时，要兼顾双方在能力、社会网络性质、行业类型等方面的互补性，尽可能挖掘其中对自己有益的社会资源，并有针对性地学习。民营企业创业者不仅要注重学习的广度，还要注重学习的深度；要选择适合自己的学习方式，在模仿他人的同时结合自身的情况在实践中活学活用，同时在网络中主动寻找可以指导自己的人和值得学习的榜样帮助自己学习。

（2）塑造有效网络学习行为

在社会网络中有效学习是在较短的时间内提升创业能力的有效途径。通过访谈和梳理现有的文献可以发现，民营企业创业者在社会网络中的学习方式主要有指导学习、交流学习、模仿学习等。下面就这三种学习行为的有效塑造进行分析。

①指导学习行为的塑造。

我们经过访谈发现，民营企业创业者偏好通过指导学习来提升创业能力。实证研究结果表明，指导学习相比模仿学习和交流学习对创业能力的影响最显著，这也进一步验证了 St-Jean 和 Audet（2012）[187] 的研究结论。在没有足够的时间参与培训的情况下，创业者通过与导师的互动可以快速而有效地将经验转化为知识。在指导学习过程中，创业者需要注意以下几点：

第一，虚心接受他人的指点和建议。创业者要想从社会网络成员那里获得所需的知识、信息，就需要保持一种虚心的态度，而这恰恰是创业者较为缺乏的。已有的研究表明，有的创业者过于自信，不愿意虚心向他人请教，就算他们认识到他人的建议是有益的，在内心也不愿承认自己存在的不足之处；有些创业者则有自我防卫的心理，不愿意接受他人的指导和建议；还有部分创业者过度依赖他们之前成功的创业经历，觉得自己的经验可以说明一切，从而忽视他人善意的支持和指导。

第二，积极主动寻找创业导师。已有的研究表明，师徒计划是一种个性化的学习方法，可以帮助新手创业并发展其管理技能。Hezlett（2005）[188] 指出，师徒关系可以使被指导者获得三类学习成果：认知学习、情感学习和技能学习。创业者与社会网络成员之间的关系越密切，越有利于进行指导学习。若这种师徒关系或指导关系是创业者自己积极主动寻找导师建立的，由于双方具备一定的感情基础，指导人会更加愿意帮助创业者，创业者也更愿意接受指导人的建议和指导，还可以从指导人那里获得资金、技术、经验等方面的支持，甚至拓展社会网络，从而进一步提升创业者的创业能力。

②模仿学习行为的塑造。

模仿是一种学习，个体仅通过观察他人的行为反应就可以达到模仿学习的目的，但学习不止于模仿。主动模仿更有利于行为改变，创业者可以通过以下两个方面提高模仿学习的效果：

第一，选择合适的模仿对象。创业者模仿的对象可以是个人或者企业，其特征如相似性、能力、地位等都会影响创业者的行为。模仿对象与创业者之间越相似，创业者通过观察学习其行为的可能性越大；模仿对象的知名度越高，创业者的模仿行为也就越可能发生。创业者在创业过程中遇到难题时，可以效仿成功企业的经验，但必须考虑自身企业的发展速度、发展阶段等特点，根据具体的问题采取相应的方式方法，不可盲目地照搬成功企业的做法，或者其他人的创业行为。

第二，采取战略性、操作性的标杆管理。标杆管理主要分为战略性、操作性和国际性三种，考虑到民营企业的特殊性，民营企业创业者可以从战略性和操作性两个方面进行学习，以指导自身的创业行为或企业运营管理。战略性标杆管理是指将创业企业与行业内发展最好的企业进行比较，关注它们是如何应对竞争和发展的，从而进一步明确和改进创业企业的战略，提高战略的前瞻性和可行性。操作性标杆管理是指在明确创业企业整体或某个环节的具体运作情况的基础上，找出行业内最好的企业的内部运营方法或流程，帮助改善自身的运营管理。标杆管理对模仿学习优秀企业具有很好的指导意义。

③交流学习行为的塑造。

在社会网络学习中，创业者不仅需要发展和规划自己的学习网络，还需要掌握交流的技巧。

第一，规划学习网络。创业者应该认真评估自身的创业能力水平，认识到存在不足的地方即自己欠缺哪方面的知识、信息甚至心理支持，再根据自己的需要，寻找并确定能够帮助自己的人，最大限度地建立有利于提升自身创业能力的学习网络。学习网络的成员可以来自正式的或非正式的社会网络，他们也是善于从外界获取知识的人。同时，创业者要与网络成员多进行接触和互动，促进彼此的交流学习。

第二，掌握交流的技巧。要想获得对自己有价值的知识和信息，创业者一要学会与网络成员深度交谈，学会倾听，并能够真正站在对方的角度来思考问题，切合实际地看待和分析与所谈经验教训相关的情境；二要就所谈经验和教训进行反思，综合考虑自身的实际情况，将其转化为自己真正所需的知识；三要营造一种良好的交流氛围，有共识，有争论，围绕创业中的问题碰撞出有意义的火花。

6.2 创业能力提升的外部支撑机制

6.2.1 最大程度发挥家庭的支持作用

家庭是创业者的幸福港湾、经济后盾，对创业者能否成功具有重要影响。家庭成员的支持在创业者的创业过程中起重要作用。创业者着手创业时需要家庭的经济支持、情感支持，甚至人力支持；创业失败时需要家人的鼓励、安慰和帮助；创业成功时希望和家人分享那份喜悦。创业者的很多行为紧紧依赖于家庭成员，并从中获得多种多样的资源，也可能利用弱联系（远亲朋友）来达到创业目的，尤其是当创业者的家庭成员（如创业者的父母）也是创业者时，对创业者的创业行为、创业能力有显著的正向影响。

总之，家庭成员对创业者创业能力的形成和发展有重要的影响，民营企业创业者应该充分发挥家庭的支持作用，多多争取家庭成员各方面的支持，尤其是情感方面的支持。

6.2.2 创业教育重视学习的社会化过程

在创业领域，学者已经通过实证研究指出创业者的创业能力是可以通过创业教育得到提高的，创业教育应该融入大学的课程中。研究指出，由行为来表征的创业能力适合通过创业教育项目来塑造，创业教育工作者能够明确什么是该教的、怎么教，以及营造一个怎样的学习环境等问题。

本书在前面的章节分析了民营企业创业者创业能力的8个维度对创业成功的影响，研究结果能够为面向高校学生和创业者开展的创业教育与培训提供参考。

已有研究表明，创业者的社会网络对于其创业能力有重要的影响，如何帮助创业者构建一个良好的学习网络来进一步提升创业能力，是创业教育部门需要考虑的问题。

创业者的社会网络能够影响创业者识别创业机会、获得创业资金、提出创业构想及运营企业的能力。目前，就大学的创业教育而言，主要采取的是单向输入专业知识的传统模式，在满足学生的情感需求、培养学生的社交能力方面做得不够。因此，大学的创业教育应该进一步更新观念，把情感教育和人际交往能力培养纳入教育范畴。除了传授相关知识外，还应该创办一些有利于学生互动的平台和活动，鼓励学生或潜在的创业者有意识地发展自己的学习网络和学习方法，养成良好的学习习惯，不断提升创业能力。创业教育需要更加重视社会化过程和社会行为，如支持创业俱乐部和社团在创业教育中发挥重要作用（Pittaway, 2010）[189]。

6.2.3 创建健康的创业环境

政府作为市场经济中“有形的手”，能够对创业环境产生直接或间接的影响。政府为创业者提供各种支持性的平台，营造健康的创业环境，形成“大众创业、万众创新”的良好局面，无疑能够激发全社会的创新潜能和创业活力，推动经济发展。

（1）充分发挥政府的支持作用

前文的实证研究表明，政策环境对创业能力与创业成功的关系起着调节作用，政策制定部门鼓励创业者的创业行为、重视创业者创业能力的发展，能够促进经济发展。全球创业观察（Globe Entrepreneurship

Monitor，GEM）中国报告显示，2010年，中国的创业活动中企业关闭率为5.6%，是创新驱动型经济体（国家）平均水平的2.43倍。企业关闭率高的主要原因是个体创业能力不足、创业技能缺乏。到2017年，中国终止创业（过去一年内将企业关闭）的比例下降到了约2%，但中国创业者认为自己具备创业能力的比例从2002年的37%下降到了28%，对创业失败的恐惧比例从2002年的25%上升到了41%。报告指出，导致这一现象的可能原因是随着技术进步和社会发展，成功创业对创业者能力的要求不断提高，越来越多的创业者认识到自己存在的不足。因此，政府部门应该制定相应的政策和措施来帮助创业者培养创业技能、提升创业能力。在倡导“大众创业、万众创新”的时代，政府的支持尤其是民营企业管理部门的支持是不可或缺的，为创业者提供更有效、更具创造性和适应性的管理资源，提供更好的创业环境非常重要。

①搭建创业学习平台，构建社会信任机制。

政府关注创业者的学习，并不意味着要就学习技巧、学习态度等对创业者进行培训，而是要在了解创业者网络学习需求的基础上，对学习的相关情境（如企业、行业协会、教育单位等）加以影响，为创业者创造有利的学习环境。政府可以创设外部条件，如组织或支持举办行业交流会，引导创业者学习、了解相关行业的信息，增强创业者的学习动力；创建有官方性质的创业者论坛，为创业者之间、创业者与政府及其他部门之间开展交流活动提供平台，促进创业者学习；牵线搭桥，帮助企业与科研、教育单位建立长期合作关系；加强基础设施建设，为创业者解决生产、技术、管理、人才、信息等各方面的问题提供支持，使创业者的学习更为顺畅，提高学习的效果。除了硬件设施外，政府还要规范创业者学习的“软件”，规范市场秩序，逐步创建诚信合作的营商环境，尤其是构建和维护创业环境中的信任机制，从而有效地推动创业者的学习活动。同时，政府还要提高创业者的社会地位，从经济环境、体制环境、政治环境、市场环境等诸多方面为创业者的学习创造条件。

②帮助创业者找到合适的创业指导人。

政府可以为创业者牵线搭桥或者提供相关的平台，帮助他们找到合适的创业指导人，通过指导关系来维持创业扶持效果。一方面，政府可以出资创办创业指导中心或制订创业指导计划，挑选不同行业的创业成功人士或在创业研究领域有较深造诣的专家组成创业指导小组，然后与需要指导的不同创业项目的创业者进行一对一的匹配，引导创业者成功创业。另一方面，政府可以鼓励高校或创业教育部门创办创业指导项目，其中运营资金可以来自企业赞助、政府补贴等。例如，可借鉴浙江大学“中国女性创业能力开发项目”的做法，通过一对一的匹配，为参与项目的创业学员配备一名合适的创业指导人，为其设计个性化的指导计划，这些指导人能够向创业者传授创业经验，提供有关创业和管理的建议和具体的帮助，如情感支持、资金帮助、社会网络拓展等，引导和帮助创业者在较短时间内提升创业能力。此外，那些接受过创业指导并成功创业的创业者，也可以加入创业指导行列，辅助创业导师为需要指导的创业者提供实际的帮助，使更多的创业者成长、受益。

（2）出台开放性政策

政府可以出台相关政策扶持创业企业发展，营造良好的整体创业氛围。

第一，出台相关税收政策。政府可以针对创业企业出台相关的免税或者减税政策，支持创业者尤其是初期的创业者渡过资金方面的难关，让他们有更多的流转资金用于生产、运营、投资等各方面，帮助企业更加顺利地运转。

第二，出台相关资金政策。政府可以专门划出一部分资金款项用于扶持创业企业发展，凡是达到一定经营规模或税收金额，对社会、市场有突出贡献的企业都可以申请该项资金资助，政府经过资格审查后，予以拨款。这样一方面可以帮助优秀企业持续经营或是扩大规模，促进经济增长，另一方面可以对其他创业企业起到激励作用，促使它们努力经营以达到申请资助的条件，进而在整个市场营造良性竞争的氛围。

第三，出台相关人才政策。企业的运营和管理离不开人才，拥有一批优秀的人才作为支撑，企业才能持久发展。政府可以出台相关的人才引进政策，吸引、聚集更多的优秀人才，这样有利于创业者在人才市场中迅速找到自己需要的创业伙伴，尽快组建创业团队，积极发挥人才效应，在创业路上越走越远、越走越好。

（3）提供支持性平台

一般而言，政府掌握着更多更全的资源和信息，与创业者处于一种信息不对称的状况，为促进创业企业发展，政府可以提供各种平台，与创业者及时分享信息，消除信息不对称的负面影响。

首先，保证信息公开。在信息经济时代，信息是企业至关重要的资源，政府可以通过提供网络平台或组织政策宣讲会等形式，将信息及时准确地传递给创业者，让大部分人尽可能多地了解政府、市场、行业的相关政策和信息，从而缩短摸索和尝试的时间、降低成本。

其次，组织行业交流会。很多思想的火花是通过相互交流和沟通碰撞出来的，政府可以利用自身的资源和地位优势，定期组织行业交流会和分享会，让一些志同道合的创业者互相沟通、分享彼此的经验，提出自己的困惑。这样既可以拓宽大家的眼界，激发出新的灵感和想法，也能在沟通交流中促成一些商业合作或是组成一个团队。这种无形的商业机会，对于创业者和整个市场而言都是一笔宝贵的财富，能够促进经济增长。

总之，一个开放、包容、健康的创业环境，一群志同道合的伙伴为了共同的目标一起拼搏奋斗，能够促使创业者学习、提升创业能力，更加从容地应对创业中的各种变化和挑战，最终取得成功，推动经济发展，这反过来又会形成更加和谐健康的市场环境，形成一个良性循环的系统。

7 研究结论与展望

7.1 主要结论

本书在对已有文献进行归纳总结的基础上，构建了创业者创业能力对其创业成功影响的模型，并探究了创业环境在其中的调节作用，然后通过问卷调查方式收集数据，对模型进行验证，在综合理论与实证研究后，提出创业者创业能力提升的相关建议。通过理论梳理和实证研究，本书得出以下结论。

7.1.1 创业者创业能力维度划分

本书通过对现有文献的归纳整合，基于民营企业创业者的特征，总结出民营企业创业者的创业能力包括机会识别能力、资源整合能力、人际关系处理能力、时间管理能力、自我学习能力、团队合作能力、战略规划能力、解决问题能力8个方面。进一步对问卷调查所得的数据进行探索性因子分析和验证性因子分析，结果显示所有的因子载荷量都达到了合理水平，即这样的分类是适宜的，能够真实反映民营企业创业者在企业创建和发展过程中所展现和需要的各项创业能力。本书对创业能力内部维度的进一步划分和确认，有助于创业者充分认识自身创业能力存在的不足，有针对性地采取相应措施进行弥补，进一步提升创业能力，最终走向成功。

7.1.2 创业环境维度划分

不可否认，创业者在创业过程中总是要受到周围环境的影响，这些影响可能来自市场环境，也可能来自政府政策，还有可能来自创业者个人的成长经历、家庭背景等。在综合前人研究成果的基础上，本书将创业环境划分为资金来源、教育背景、政策环境以及市场环境4个维度。这种划分方式既包含了个人和家庭的主观因素，也有市场和政府的客观因素，是比较全面的。通过对所收集的数据进行探索性因子分析和验证性因子分析发现，4个维度所有的因子载荷量都通过了验证，也就是说，这4个维度的划分是科学合理的，能够客观描绘出民营企业创业者在创业和经营过程中所面临的环境。本书对民营企业创业环境维度的研究，可以帮助民营企业创业者关注所处的环境，采取积极的措施主动适应环境，争取利用环境的优势提升自身的创业能力，最终实现成功。

7.1.3 创业能力与创业成功关系模型构建

本书基于现有的创业过程理论和资源基础理论，在梳理和分析大量文献的基础上，探讨民营企业创业者创业能力与创业成功间的关系。通过数据分析与验证发现，创业能力的各个维度对创业成功有重要的影响，而且创业环境在创业能力与创业成功关系中发挥调节作用。据此，本书构建了民营企业创业者创业能力与创业成功的有调节作用的关系模型。该模型对创业者有针对性地提升创业能力、实现创业成功具有重要的意义和价值。

7.1.4 创业者创业能力、创业环境、创业成功间关系的实证检验

本书在理论模型基础上，对所收集的数据进行相关统计分析，进一步对创业者创业能力与创业成功的关系模型进行实证检验，结果显示，创业能力的8个维度都对创业成功有显著的正向影响。

本书假设创业环境能够调节创业能力与创业成功间的关系，于是将创业环境4个维度作为调节变量进行实证研究，发现教育背景对创业能力与创业成功间的关系并没有起到调节作用，而资金来源、政策环境以及市场环境3个维度都能正向调节创业能力与创业成功间的关系。通过实证检验，进一步明确了创业环境对创业成功的具体影响路径，有利于创业者从中寻找自己的薄弱环节，有针对性地提升创业成功的可能性。

7.1.5 创业者创业能力提升对策建议

根据理论研究和实证研究的结果，本书从个人和政府两个层面对民营企业创业者提升创业能力提出了对策建议。其中，个人层面从个人综合能力和环境适应力两个维度展开，而政府层面主要是提供平台与相关支持，对创业者提升创业能力、实现创业成功具有一定的参考价值。

7.2 研究不足与未来展望

7.2.1 研究不足

本书主要在研究方法和研究模型两方面存在一定的缺陷，需要在未来进一步修正和完善。

（1）研究方法偏主观

本书主要是通过问卷调查的方式收集相关数据，在问卷量表的设计上主要采用李克特的五点计分法，所涉及的指标几乎都是调查对象对自己、对企业、对市场的主观感受和评价，较少涉及客观事实方面的依据。因此，调查对象的主观性很可能使所收集的数据产生一定的偏差，

从而影响最终的研究结论。

（2）研究模型偏简单

本书主要探讨创业者创业能力与创业成功间的关系。一方面，本书在其中只引入了创业环境这个调节变量，而在具体探究调节效应时，只是将创业能力作为一个整体变量进行研究，并没有详细研究创业环境4个维度对创业能力8个维度的具体调节效应，因而无法体现其对单个维度的作用大小。另一方面，本书并没有在创业能力与创业成功间引入中介变量，默认创业能力是直接作用于创业成功的，很可能夸大了创业能力对创业成功的影响效果，从而对其中的具体作用路径并没有清晰的认识。

（3）研究对象样本选择有限

本书的样本来源主要是福建省和广东省，相关样本较少，事实上地区差异可能对本研究结果产生一定的影响，尤其是东部、中部、西部不同地区的创业者在创业成功方面可能存在一定的差异，未来的研究可以着重在不同地区收集样本，尽可能同时涵盖多个不同的地区进行差异分析。

7.2.2 未来展望

针对以上存在的不足之处，未来的研究同样可以从方法和模型两个视角进一步修正和完善，使结论更加科学严谨。

（1）扩展样本地域范围

未来可以将样本扩展到更多的地域范围，尽可能涵盖全国创业活跃地区、不活跃地区以及沉寂地区等，尽量避免由地区因素造成的结果片面性。同时，还可以对各地的情况进行比较研究，探讨活跃地区与不活跃地区间创业情况的差别，使研究更为深入。

（2）提高结论准确性

为了进一步提高数据的科学有效性，保证最终结果准确、严谨，未来的研究，一方面要在调查问卷的主观评价题项基础上增加客观事实方面的题项，或是采取多人评价的方法，综合大家的评分情况取其平均分，这样能在一定程度上降低由个人主观评价造成的偏差。另一方面，可以在问卷调查的基础上配合使用访谈法，收集更多问卷上无法体现的内容和信息，提高对结果判断和分析的准确性。

（3）增强模型严谨性

为了详细了解创业能力对创业成功的作用路径和机理，在接下来的研究中，一方面可以参考更多的文献资料，找到合适的中介变量引入该模型中，探究创业能力是否通过一定的中介变量对创业成功产生间接影响，进一步理清二者间的作用关系；另一方面可以进一步分析创业环境对创业能力八大维度与创业成功间关系的具体调节作用，明确哪些能力的发挥不受环境的影响，哪些能力的发挥受到环境的影响最大，提醒创业者关注哪几个重要的维度，从而有针对性地提升创业能力，同时也使得创业能力与创业成功间关系的理论模型更加科学严谨。

参考文献

[1] 朱承亮，雷家骕．中国创业研究70年：回顾与展望［J］．中国软科学，2020（1）：11-20.

[2] 周冬梅，陈雪琳，杨俊，等．创业研究回顾与展望［J］．管理世界，2020（1）：206-225.

[3] 蔡莉，于海晶，杨亚倩，等．创业理论回顾与展望［J］．外国经济与管理，2019（12）：94-111.

[4] LOW M B，MACMILLAN I C. Entrepreneurship：Past research and future challenges［J］．Journal of Management，1988，14（2）：139-161.

[5] SINGH R P. A comment on developing the field of entrepreneurship through the study of opportunity recognition and exploitation［J］．Academy of Management Review，2001，26（1）：10-12.

[6] SHANE S，VENKATARAMAN S. The promise of entrepreneurship as a field of research［J］．Academy of Management Review，2000，25（1）：217-226.

[7] GARTNER W B. What are we talking about when we talk about entrepreneurship?［J］．Journal of Business Venturing，1990，5（1）：15-28.

[8] 董保宝．创业研究在中国：回顾与展望［J］．外国经济与管理，2014（1）：73-81.

[9] 武巧珍. 精益创业理论研究综述与展望 [J]. 科学决策，2020 (2): 87-101.

[10] JEROME N, BAMBUR L M. The urban and rural challenges of entrepreneurship [J]. Research on Humanities & Social Sciences, 2013, 3 (7): 57-60.

[11] GARTNER W B. A conceptual framework for describing the phenomenon of new venture creation [J]. Academy of Management Review, 1985, 10 (4): 696-706.

[12] 王秀峰. 创业者行为研究文献综述——连接创业者个体因素与创业过程及结果 [J]. 科学学与科学技术管理，2016 (8): 3-19.

[13] SCHUMPETER J. The theory of economic development [M]. Cambridge, MA: Harvard University Press, 1934.

[14] KIRZNER I M. Competition and entrepreneurship [M]. Chicago: University of Chicago Press, 1978.

[15] LIVESAY H H. Entrepreneurial history [M] // KENT C A, SEXTON D L, VESPER K H. Encyclopedia of entrepreneurship. Englewood Cliffs: Prentice-Hall, 1982.

[16] DRUCKER P F. The discipline of innovation [J]. Harvard Business Review, 1984, 63 (3): 67-72.

[17] BIRLEY S, WESTHEAD P. A comparison of new businesses established by 'novice' and 'habitual' founders in Great Britain [J]. International Small Business Journal, 1993, 12 (1): 38-60.

[18] BRUYAT C, JULIEN P A. Defining the field of research in entrepreneurship [J]. Journal of Business Venturing, 2001, 16 (2): 165-180.

[19] TIMMONS J A, SPINELLI S. New venture creation: Entrepreneurship for the 21st century [M]. 7th ed. New York: McGraw Hill/ Irwin, 2007.

[20] VESALAINENM J, PIHKALA T. Entrepreneurial identity, intentions and the effect of the push - factor [J]. Academy of Entrepreneurship Journal, 1999, S (2): 198-231.

[21] 张秀娥，郭宇红. 创业企业成长及其动因研究综述 [J]. 现代经济信息，2012 (14): 58; 62.

[22] SANCHEZ J M. The impact of an entrepreneurship education program on entrepreneurial competencies and intention [J]. Journal of Small

Business Management，2013，51（3）：447-465.

[23] MITCHELMORE S，ROWLEY J. Entrepreneurial competencies：A literature review and development agenda [J]. International Journal of Entrepreneurial Behavior & Research，2010，16（2）：92-111.

[24] 尹苗苗，蔡莉. 创业能力研究现状探析与未来展望 [J]. 外国经济与管理，2012（12）：1-11.

[25] 唐靖，姜彦福. 创业能力概念的理论构建及实证检验 [J]. 科学学与科学技术管理，2008（8）：52-57.

[26] THOMPSON J L. The facets of the entrepreneur：Identifying entrepreneurial potential [J]. Management Decision，2004，42（2）：243-258.

[27] MAN T W Y，LAU T，CHAN K F. Home - grown and abroad - bred entrepreneurs in China：A study of the influences of external context on entrepreneurial competencies [J]. Journal of Enterprising Culture，2008，16（2）：113-132.

[28] MUZYCHENKO O. Cross-cultural entrepreneurial competence in identifying international business opportunities [J]. European Management Journal，2008，26（6）：366-377.

[29] PRIYANTO S H，SANDJOJO I. Relationship between entrepreneurial learning，entrepreneurial competencies and venture success：Empirical study on SMEs [J]. International Journal of Entrepreneurship and Innovation Management，2005，5（5/6）：454-468.

[30] CHANDLER G N，JANSEN E.The founder's self-assessed competence and venture performance [J]. Journal of Business Venturing，1992，7（3）：223-236.

[31] RASMUSSEN E，MOSEY S，WRIGHT M. The evolution of entrepreneurial competencies：A longitudinal study of university spin-off venture emergence [J]. Journal of Management Studies，2011，48（6）：1314-1345.

[32] 张玉利，王晓文. 先前经验、学习风格与创业能力的实证研究 [J]. 管理科学，2011（3）：1-12.

[33] RULE E G，IRWIN D W. Fostering intrapreneurship：The new competitive edge [J]. Journal of Business Strategy，1988，9（3）：44-47.

[34] ARTHURS J D，BUSENITZ L W. Dynamic capabilities and venture

performance: The effects of venture capitalists [J]. Journal of Business Venturing, 2006, 21 (2): 195-215.

[35] ABDELGAWAD S G, ZAHRA S A, SVEJENOVA S, et al. Strategic leadership and entrepreneurial capability for game change [J]. Journal of Leadership & Organizational Studies, 2013, 20 (4): 394-407.

[36] 董保宝. 风险需要平衡吗: 新企业风险承担与绩效倒U型关系及创业能力的中介作用 [J]. 管理世界, 2014 (1): 120-131.

[37] 郭润萍, 蔡莉. 转型经济背景下战略试验、创业能力与新企业竞争优势关系的实证研究 [J]. 外国经济与管理, 2014 (12): 3-12.

[38] BARNEY J. Firm resources and sustained competitive advantage [J]. Journal of Management, 1991, 17 (1): 99-120.

[39] AHMAD N H, RAMAYAH T, WILSON C, et al. Is entrepreneurial competency and business success relationship contingent upon business environment? A study of Malaysian SMEs [J]. International Journal of Entrepreneurial Behaviour & Research, 2010, 16 (3): 182-203.

[40] CHANDLER G N, HANKS S H. Market attractiveness, resource-based capabilities, venture strategies, and venture performance [J]. Journal of Business Venturing, 1994, 9 (4): 331-349.

[41] 任胜钢, 舒睿. 创业者网络能力与创业机会: 网络位置和网络跨度的作用机制 [J]. 南开管理评论, 2014 (1): 123-133.

[42] MAN T W Y, LAU T, CHAN K F. The competitiveness of small and medium enterprises: A conceptualization with focus on entrepreneurial competencies [J]. Journal of Business Venturing, 2002, 17 (2): 123-142.

[43] 白景坤, 丁军霞. 网络能力与双元创新的关系——环境动态性的调节作用 [J]. 科学学与科学技术管理, 2016 (8): 138-148.

[44] DAVIS C, SUN E. Business development capabilities in information technology SMEs in a regional economy: An exploratory study [J]. The Journal of Technology Transfer, 2006, 31 (1): 145-161.

[45] 王旭, 朱秀梅. 创业动机、机会开发与资源整合关系实证研究 [J]. 科研管理, 2010 (5): 54-60.

[46] 谢雅萍, 黄美娇. 创业学习、创业能力与创业绩效——社会网络研究视角 [J]. 经济经纬, 2016 (1): 101-106.

[47] AHMAD N H, SUSENO Y, SEET P S, et al. Entrepreneurial competencies

and firm performance in emerging economies: A study of women entrepreneurs in Malaysia [M] // RATTEN V, BRAGA V, MARQUES C S. Knowledge, Learning and Innovation. Cham: Springer, 2018: 5-26.

[48] 易朝辉，罗志辉，兰勇. 创业拼凑、创业能力与家庭农场创业绩效关系研究 [J]. 农业技术经济，2018 (10): 86-96.

[49] 赵文红，王玲玲，魏泽龙. 过程视角的创业能力形成研究综述 [J]. 科技进步与对策，2016 (13): 155-160.

[50] DILL W R. Environment as an influence on managerial autonomy [J]. Administrative Science Quarterly, 1958, 2 (4): 409-443.

[51] SPENCER J W, GÓMEZ C. The relationship among national institutional structures, economic factors, and domestic entrepreneurial activity: A multicountry study [J]. Journal of Business Research, 2004, 57 (10): 1098-1107.

[52] 叶依广，刘志忠. 创业环境的内涵与评价指标体系探讨 [J]. 南京社会科学，2004 (S2): 228-232.

[53] 蔡莉，崔启国，史琳. 创业环境研究框架 [J]. 吉林大学社会科学学报，2007 (1): 50-56.

[54] 李金兰. 创业环境之内涵、构成要素及评价方法研究综述 [J]. 创新与创业教育，2017 (3): 1-4.

[55] EMERY F E, TRIST E L. The causal texture of organizational environments [J]. Human Relations, 1965, 18 (1): 21-32.

[56] DUNCAN R B. Characteristics of organizational environments and perceived environmental uncertainty [J]. Administrative Science Quarterly, 1972, 17 (3): 313-327.

[57] CHILD J. Organizational structure, environment and performance: The role of strategic choice [J]. Sociology, 1972, 6 (1): 1-22.

[58] MINTZBERG H. Strategy-making in three modes [J]. California Management Review, 1973, 16 (2): 44-53.

[59] DESS G G, BEARD D W. Dimensions of organizational task environments [J]. Administrative Science Quarterly, 1984, 29 (1): 52-73.

[60] LUMPKIN G T, DESS G G. Linking two dimensions of entrepreneurial orientation to firm performance: The moderating role of environment and industry life cycle [J]. Journal of Business Venturing, 2001, 16

(5): 429-451.

[61] WIKLUND J, SHEPHERD D. Entrepreneurial orientation and small business performance: A configurational approach [J]. Journal of Business Venturing, 2005, 20 (1): 71-91.

[62] FOGEL G. An analysis of entrepreneurial environment and enterprise development in Hungary [J]. Journal of Small Business Management, 2001, 39 (1): 103-109.

[63] 买忆媛，甘智龙. 我国典型地区创业环境对创业机会与创业能力实现的影响——基于GEM数据的实证研究 [J]. 管理学报，2008 (2): 274-278.

[64] PORTER M E. Competitive strategy: Techniques for analyzing industries and competitors [M]. New York: Free Press, 2004.

[65] SAXENIAN A. Silicon Valley ' s new immigrant entrepreneurs [Z]. Working paper, The Center for Comparative Immigration Studies, University of California, San Diego, 2000.

[66] 周丽. 中小企业创业环境评价模型及实证研究 [J]. 中国流通经济，2006 (10): 42-45.

[67] 文亮，李海珍. 中小企业创业环境与创业绩效关系的实证研究 [J]. 系统工程，2010 (10): 67-74.

[68] 刘畅，齐斯源，王博. 创业环境对农村微型企业创业绩效引致路径的实证分析——基于东北地区实地调研数据 [J]. 农业经济问题，2015 (5): 104-109.

[69] 李世清. 从创新创业环境探讨美国的持续创新力 [J]. 特区实践与理论，2016 (1): 107-111.

[70] 张秀娥，祁伟宏，方卓. 美国硅谷创业生态系统环境研究 [J]. 科技进步与对策，2016 (18): 59-64.

[71] 安美忱，张卫国. 创业环境对高校创业绩效引致路径的实证研究 [J]. 江西社会科学，2016 (9): 242-249.

[72] 王转弟，马红玉. 创业环境、创业精神与农村女性创业绩效 [J]. 科学学研究，2020 (5): 868-876.

[73] ENSLEY M D, HMIELESKI K M, PEARCE C L. The importance of vertical and shared leadership within new venture top management teams: Implications for the performance of startups [J]. Leadership quarterly, 2006, 17 (3): 217-231.

[74] ZAJAC E J, KRAATZ M S, BRESSER R K F. Modeling the dynamics of strategic fit: A normative approach to strategic change [J]. Strategic

Management Journal，2000，21（4）：429-453.

[75] VALLIERE D. Reconceptualizing entrepreneurial framework conditions [J]. International Entrepreneurship & Management Journa1，2010，6（1）：97-112.

[76] 薛宪方，郭晗，褚珊珊，等. 创业者心智模式、错误学习与企业绩效的关系：环境动态性的调节作用 [J]. 应用心理学，2020（1）：39-47.

[77] 陈建安，陈瑞，陶雅. 创业成功界定与测量前沿探析及未来展望 [J]. 外国经济与管理，2014（8）：3-13.

[78] VAN PRAAG C M，CRAMER J S. The roots of entrepreneurship and labour demand：Individual ability and low risk aversion [J]. Economica，2001，68（269）：45-62.

[79] KORUNKA C，FRANK H，LUEGER M，et al. The entrepreneurial personality in the context of resources，environment，and the startup process：A configurational approach [J]. Entrepreneurship Theory and Practice，2003，28（1）：23-42.

[80] OMRI A，FRIKHA M A，BOURAOUI M A. An empirical investigation of factors affecting small business success [J]. Journal of Management Development，2015，34（9）：1073-1093.

[81] MOORADIAN T，MATZLER K，UZELAC B，et al. Perspiration and inspiration：Grit and innovativeness as antecedents of entrepreneurial success [J]. Journal of Economic Psychology，2016，56（C）：232-243.

[82] AHMAD N H，WILSON C，KUMMEROW L. Assessing the dimensionality of business success：The perspectives of Malaysian SME owner-managers [J]. Journal of Asia-Pacific Business，2011，12（3）：207-224.

[83] 张秀娥，赵敏慧. 创业成功的内涵、维度及其测量 [J]. 科学学研究，2018（3）：474-483.

[84] LUSSIER R N. Startup business advice from business owners to would-be entrepreneurs [J]. SAM Advanced Management Journal，1995，60（1）：10-14.

[85] DOUTRIAUX J. Emerging high-tech firms：How durable are their comparative start-up advantages? [J]. Journal of Business Venturing，1992，7（4）：303-322.

[86] MARKMAN G D，BARON R A. Person - entrepreneurship fit：Why some people are more successful as entrepreneurs than others [J].

Human Resource Management Review, 2003, 13 (2): 281-301.
[87] BARON R A. The cognitive perspective: A valuable tool for answering entrepreneurship's basic "why" questions [J]. Journal of Business Venturing, 2004, 19 (2): 221-239.
[88] COOPER A C. Strategic management: New ventures and small business [J]. Long Range Planning, 2004, 14 (5): 39-45.
[89] TIMMONS J A, SPINELLI S. New venture creation: Entrepreneurship for the 21st century [M]. 5th ed. New York: McGraw-Hill/Irwin, 1999.
[90] SAHLMAN W A, STEVENSON H H, ROBERTS M J, et al. The entrepreneurial venture [M]. 2nd ed. Cambridge, MA: Harvard Business School Press, 1999.
[91] WICKHAM P A. Strategic entrepreneurship: A decision - making approach tonew venture creation and management [M]. London: Pitman Publishing, 1998.
[92] LECHNER C, DOWLING M. Firm networks: External relationships as sources for the growth and competitiveness of entrepreneurial firms [J]. Entrepreneurship and Regional Development, 2003, 15 (1): 1-26.
[93] SARASVATHY S D. Effectual reasoning in entrepreneurial decision making: Existence and bounds [J]. Academy of Management Proceedings, 2001 (1): D1-D6.
[94] LI H Y. How does new venture strategy matter in the environment - performance relationship? [J]. The Journal of High Technology Management Research, 2001, 12 (2): 183-204.
[95] JAIN B A. Predictors of performance of venture capitalist - backed organizations [J]. Journal of Business Research, 2001, 52 (3): 223-233.
[96] ZAHRA S A, GEORGE G. International entrepreneurship: The current status of the field and future research agenda [M] // HITT M A, IRELAND R D, CAMP S M, et al. Strategic entrepreneurship: Creating a new mindset. Oxford: Blackwell Publishers, 2002.
[97] BIRD B. Implementing entrepreneurial ideas: The case for intention [J]. Academy of Management Review, 1988, 13 (3): 442-453.
[98] AJZEN I. The theory of planned behavior [J]. Organizational Behavior

and Human Decision Processes，1991，50（2）：179-211.

[99] KRUEGER N F，BRAZEAL D V. Entrepreneurial potential and potential entrepreneurs [J]. Social Science Electronic Publishing，1994，18（3）：92-102.

[100] ELFVING J. Contextualizing entrepreneurial intentions：A multiple case studyon entrepreneurial cognition and perception [M]. Turku：Åbo Akademi University Press，2008.

[101] DENIZ U，WESTHEAD P，WRIGHT D M. Habitual entrepreneurs [M]. Cheltenham：Edward Elgar Publishing，2006.

[102] 傅博达. 创建柔性企业 [M]. 项国鹏，译. 北京：人民邮电出版社，2005.

[103] BURNS T E，STALKER G M. The management innovation [J]. Administrative Science Quarterly，1961，8（2）：1185-1209.

[104] 汤普森. 行动中的组织：行政理论的社会科学基础 [M]. 敬乂嘉，译. 上海：上海人民出版社，2007.

[105] GARTNER W B. Who is an entrepreneur? Is the wrong question [J]. Journal of Small Business，1988，12（4）：11-32.

[106] OBSCHONKA M，SILBEREISEN R K，SCHMITT-RODERMUND E，et al. Nascent entrepreneurship and the developing individual：Early entrepreneurial competence in adolescence and venture creation success during the career [J]. Journal of Vocational Behavior，2011，79（1）：121-133.

[107] MAN T，LAU T，SNAPE E. Entrepreneurial competencies and the performance of small and medium enterprises：An investigation through a framework of competitiveness [J]. Journal of Small Business and Entrepreneurship，2008，21（3）：690-708.

[108] LANS T，BIEMANS H，MULDER M，et al. Self - awareness of mastery and improvability of entrepreneurial competence in small businesses in the agrifood sector [J]. Human Resource Developmengt Quarterly，2010，21（2）：147-168

[109] LEWIS H. A model of entrepreneurial capability based on a holistic review of the literature from three academic domains [J]. Industry and Higher Education，2011，25（6）：429-440.

[110] LANS T，VERSTEGEN J，MULDER M. Analysing，pursuing and networking：Towards a validated three-factor framework for entrepreneurial

competence from a small firm perspective [J]. International Small Business Journal, 2011, 29 (6): 695-713.

[111] MARKMAN G D, BALKIN D, B, BARON R A. Inventors and new venture formation: The effects of general self - efficacy and regretful thinking [J]. Entrepreneurship Theory and Practice, 2002, 27 (2): 49-65.

[112] MULDER M, LANS T, VERSTEGEN J, et al. Competence development of entrepreneurs in innovative horticulture [J]. Journal of Workplace Learning, 2007, 19 (1): 32-44.

[113] WINTERTON J. Entrepreneurship: Towards a competence framework for developing SME managers [C]. USASBE: United States Association for Small Business and Entrepreneurship (USASBE) National Conference, 2002.

[114] MAN T W Y, LAU T. Entrepreneurial competencies of SME owner/managers in the Hong Kong services sector: A qualitative analysis [J]. Journal of Enterprising Culture, 2000, 8 (3): 235-254.

[115] MAN T W Y, LAU T. The context of entrepreneurship in Hong Kong: An investigation through the patterns of entrepreneurs [J]. Journal of Small Business and Enterprise Development, 2005, 12 (4): 464-482.

[116] 杨俊. 基于创业行为的企业家能力研究——一个基本分析框架 [J]. 外国经济与管理, 2005 (4): 29-35.

[117] 贺小刚, 李新春. 企业家能力与企业成长: 基于中国经验的实证研究 [J]. 经济研究, 2005 (10): 101-111.

[118] 冯华, 杜红. 创业胜任力特征与创业绩效的关系分析 [J]. 技术经济与管理研究, 2005 (6): 17-20.

[119] GERLI F, GUBITTA P, TOGNAZZO A. Entrepreneurial competencies and firm performance: An empirical study [C]. Ⅷ International Workshop on Human Resource Management, 2011.

[120] BASU A, GOSWAMI A. South Asian entrepreneurship in Great Britain: Factors influencing growth [J]. International Journal of Entrepreneurial Behaviour & Research, 1999, 5 (5): 251-275.

[121] BIRD B. Towards a theory of entrepreneurial competency [J]. Advances in Entrepreneurship, Firm Emergence and Growth, 1995, 2 (1): 51-72.

[122] MARKMAN G D. Entrepreneurs' Competencies [M] // BAUM J R,

FRESE M, BARON R A. The Psychology of Entrepreneurship. Mahwah: Lawrence Erlbaum Associates, 2007: 67 - 92.

[123] KARRA N, PHILLIPS N, TRACEY P. Building the born global firm: Developing entrepreneurial capabilities for international new venture success [J]. Long Range Planning, 2008, 41 (4): 440-458.

[124] 陈书成. 培养创业能力提高就业能力 [J]. 中共郑州市委党校学报, 2008 (4): 102-103.

[125] MAN T W Y. Exploring the behavioural patterns of entrepreneurial learning: A competency approach [J]. Education and Training, 2006, 48 (5): 309-321.

[126] HAYNES P J. Differences among entrepreneurs: "Are you experienced?" may be the wrong question [J]. International Journal of Entrepreneurial Behaviour & Research, 2003, 9 (3): 111-128.

[127] RAE D, CARSWELL M. Towards a Conceptual Understanding of Entrepreneurial Learning [J]. Journal of Small Business and Enterprise Development, 2001, 8 (2): 150-158.

[128] CHANDLER G N, LYON D W. Involvement in knowledge - acquisition activities by venture team members and venture performance [J]. Entrepreneurship Theory and Practice, 2009, 33 (3): 571-592.

[129] AUTIO E, GEORGE G, ALEXY O. International entrepreneurship and capability development: Qualitative evidence and future research directions [J]. Entrepreneurship Theory and Practice, 2011, 35 (1): 11-37.

[130] 倪锋, 胡晓娥. 基于认知的创业能力发展理论模型初探 [J]. 企业经济, 2007 (10): 36-38.

[131] YOUNG J E, SEXTON D L. Entrepreneurial learning: A conceptual framework [J]. Journal of Enterprising Culture, 1997, 5 (3): 223-248.

[132] NEWMAN A F. Risk - bearing and entrepreneurship [J]. Journal of Economic Theory, 2007, 137 (1): 11-26.

[133] COPE J. Entrepreneurial learning and critical reflection discontinuous events as triggers for "higher - level" learning [J]. Management Learning, 2003, 34 (4): 429-450.

[134] CORBETT A C. Learning asymmetries and the discovery of entrepreneurial opportunities [J]. Journal of Business Venturing,

2007, 22 (1): 97-118.

[135] HOLCOMB T R, IRELAND R D, HOLMES R M, et al. Architecture of entrepreneurial learning: Exploring the link among heuristics, knowledge, and action [J]. Entrepreneurship Theory and Practice, 2009, 33 (1): 167-192.

[136] GABRIELSSON J, POLITIS D. Work experience and the generation of new business ideas among entrepreneurs: An integrated learning framework [J]. International Journal of Entrepreneurial Behaviour & Research, 2012, 18 (1): 48-74.

[137] RAVASI D, TURATI C. Exploring entrepreneurial learning: A comparative study of technology development projects [J]. Journal of Business Venturing, 2005, 20 (1): 137-164.

[138] PECH R J, CAMERON A. An entrepreneurial decision process model describing opportunity recognition [J]. European Journal of Innovation Management, 2006, 9 (1): 61-78.

[139] KOLB A Y, KOLB D A. Experiential learning theory: A dynamic, holistic approach to management learning, education and development [M] // ARMSTRONG S J, FUKAMI C. Handbook of Management Learning, Education and Development. London: Sage Publications, 2008.

[140] LANS T, WESSELINK R, BIEMANS H J A, et al. Work-related lifelong learning for entrepreneurs in the agri-food sector [J]. International Journal of Training and Development, 2004, 8 (1): 73-89.

[141] COPE J, WATTS G. Learning by doing - An exploration of experience, critical incidents and reflection in entrepreneurial learning [J]. International Journal of Entrepreneurial Behaviour & Research, 2000, 6 (3): 104-124.

[142] SARDANA D, SCOTT-KEMMIS D. Who learns what? A study based on entrepreneurs from biotechnology new ventures [J]. Journal of Small Business Management, 2010, 48 (3): 441-468.

[143] POLITIS D, GABRIELSSON J. Entrepreneurs' attitudes towards failure: An experiential learning approach [J]. International Journal of Entrepreneurial Behaviour & Research, 2009, 15 (4): 364-383.

[144] COPE J. Entrepreneurial learning from failure: An interpretative phenomenological analysis [J]. Journal of Business Venturing, 2011, 26 (6): 604-623.

[145] HARRISON R T, LEITCH C M. Entrepreneurial learning: Researching the interface between learning and the entrepreneurial context [J]. Entrepreneurship Theory and Practice, 2005, 29 (4): 351-371.

[146] POLITIS D. The process of entrepreneurial learning: A conceptual framework [J]. Entrepreneurship Theory and Practice, 2005, 29 (4): 399-424.

[147] CORBETT A C. Experiential learning within the process of opportunity identification and exploitation [J]. Entrepreneurship Theory and Practice, 2005, 29 (4): 473-491.

[148] MOON J A. A handbook of reflective and experiential learning: Theory and practice [M]. New York: Routledge Falmer, 2004.

[149] HAMILTON E. Narratives of enterprise as epic tragedy [J]. Management Decision, 2006, 44 (4): 536-550.

[150] ZHANG J, HAMILTON E. A process model of small business owner-managers' learning in peer networks [J]. Education and Training, 2009, 51 (8/9): 607-623.

[151] JONES C R, FERREDAY D, HODGSON V. Networked learning a relational approach: Weak and strong ties [J]. Journal of Computer Assisted Learning, 2008, 24 (2): 90-102.

[152] SIMME J. Innovation Networks and Learning Regions? [M]. London: Routledge, 2003.

[153] RAE D. Entrepreneurial learning: A practical model from the creative industries [J]. Education and Training, 2004, 46 (8/9): 492-500.

[154] TAYLOR D W, THORPE R. Entrepreneurial learning: A process of coparticipation [J]. Journal of Small Business and Enterprise Development, 2004, 11 (2): 203-211.

[155] MITCHELMORE S, ROWLEY J. Entrepreneurial competencies of women entrepreneurs pursuing business growth [J]. Journal of Small Business and Enterprise Development, 2013, 20 (1): 125-142.

[156] MAN T W Y. Developing a behaviour-centred model of entrepreneurial learning [J]. Journal of Small Business and Enterprise Development, 2012, 19 (3): 549-566.

[157] YAN Y, GUAN J. Entrepreneurial ecosystem, entrepreneurial rate and innovation: The moderating role of internet attention [J]. International Entrepreneurship and Management Journal, 2019, 15 (2): 625-650.

[158] RASMUSSEN E, MOSEY S, WRIGHT M. The transformation of network ties to develop entrepreneurial competencies for university spin-offs [J]. Entrepreneurship and Regional Development, 2015, 27 (7/8): 430-457.

[159] COPE J, DOWN S. I think therefore I learn? Entrepreneurial cognition, learning and knowing in practice [C]. Babson College Entrepreneurship Research Conference, 2010.

[160] ABRAR A. Entrepreneurial learning as experiential and social learning process: A case of female entrepreneurs in creative industry [J]. International Entrepreneurship and Management Journal, 2017, 10 (3): 623-641.

[161] 陈文婷. 创业学习与家族企业跨代企业家的创业选择 [J]. 经济管理, 2011 (8): 38-41.

[162] RAE D, CARSWELL M. Using a life-story approach in researching entrepreneurial learning: The development of a conceptual model and its implications in the design of learning experiences [J]. Education and Training, 2000, 42 (4/5): 220-228.

[163] SAMAAIONOK K, IAIORAITA M, HUSSEY B L, et al. The internet entrepreneurship: Opportunities and problems [J]. Entrepreneurship and Sustainability Issues, 2016, 3 (4): 329-349.

[164] VOLERY T, MUELLER S, VON SIEMENS B, et al. Entrepreneur ambidexterity: A study of entrepreneur behaviours and competencies in growth-oriented small and medium-sized enterprises [J]. International Small Business Journal, 2015, 33 (2): 109-129.

[165] JIAO H, OGILVIE D, CUI Y. An empirical study of mechanisms to enhance entrepreneurs' capabilities through entrepreneurial learning in an emerging market [J]. Journal of Chinese Entrepreneurship, 2010, 2 (2): 196-217.

[166] 丁桂凤, 李永耀, 耿英伟. 多维视野中的创业学习 [J]. 南京师大学报(社会科学版), 2010 (6): 101-107.

[167] 梁欣如, 王勇. 基于工作相关学习的类型与能力提高机理研究 [J]. 研究与发展管理, 2005 (3): 83-89.

[168] 张建琦, 赵文. 学习途径与企业家能力关系实证研究——以广东省中小民营企业为例 [J]. 经济理论与经济管理, 2007 (10): 65-69.

[169] 崔瑜, 焦豪. 企业家学习对动态能力的影响机制研究——基于企业家能力

理论的视角［J］. 科学学研究，2008（S2）：403-410.

［170］宋培林. 试析企业成长不同阶段的企业家胜任力结构及其自我跃迁机理［J］. 经济管理. 2011（3）：183-190.

［171］ROY M H，ELANGO B. The influence of cognitive make-up on new venture success［J］. Academy of Entrepreneurship Journal，2000，6（1）：64-83.

［172］吴强，胡伟. 职业规划与成功素质训练［M］. 北京：机械工业出版社，2009：139-143.

［173］MILTON D G. The complete entrepreneur［J］. Entrepreneurship Theory and Practice，1989，13（3）：9-19.

［174］KAO R W Y，TAN W L. Entrepreneurship development in Asia［M］. Singapore：Pearson Education，2001：85-93.

［175］BICKNELL O G. A business of your own［J］. Academy of Entrepreneurship Journal，2001，7（1）：132-143.

［176］GARSOMBKE D J，GARSOMBKE T W. Non-traditional vs traditional entrepreneurs：Emergence of a native American comparative profile of characteristics and barriers［J］. Academy of Entrepreneurship Journal，2000，6（1）：153-182.

［177］DEAN H R. Educational entrepreneurism［J］. Academy of Entrepreneurship Journal，2000，6（1）：145-153.

［178］KAKATI M. Success criteria in high-tech new ventures［J］. Technovation，2003，23（5）：447-457.

［179］BUTLER J E，HANSEN G S. Network evolution，entrepreneurial success，and regional development［J］. Entrepreneurship & Regional Development，1991，3（1）：1-16.

［180］ZHANG M，TANSUHAJ P，MCCULLOUGH J. International entrepreneurial capability：The measurement and a comparison between born global firms and traditional exporters in China［J］. Journal of International Entrepreneurship，2009，7（4）：292-322.

［181］CLARYSSE B，TARTARI V，SALTER A. The impact of entrepreneurial capacity，experience and organizational support on academic entrepreneurship［J］. Research Policy，2011，40（8）：1084-1093.

［182］郭海. 监督机制、企业家创业能力与绩效关系研究［J］. 商业经济与管理，2010（6）：40-46.

［183］ULRICH D，BARNEY J B. Perspectives in organizations：Resource dependence, efficiency, and population [J]. Academy of Management Review, 1984, 9 (3): 471-481.

[184] TIMMONS J A, SPINELLI S. New venture creation: Entrepreneurship for the 21st century [M]. 4th ed. New York: McGraw-Hill/Irwin, 1994.

[185] WICKHAM P A. Developing a mission for an entrepreneurial venture [J]. Management Decision, 1997, 35 (5): 373-381.

[186] LEYDEN D P, LINK A N, SIEGEL D S, et al. A theoretical analysis of the role of social networks in entrepreneurship [J]. Research Policy, 2014, 43 (7): 1157-1163.

[187] ST-JEAN E, AUDET J. The role of mentoring in the learning development of the novice entrepreneur [J]. International Entrepreneurship and Management Journal, 2012, 8 (1): 119-140.

[188] HEZLETT A S, GIBSON S K. Mentoring and human resource development: where we are and where we need to go [J]. Advances in Developing Human Resources, 2005, 7 (4): 446-469.

[189] PITTAWAY L, HANNON P, GIBB A, et al. Assessment practice in enterprise education [J]. International Journal of Entrepreneurial Behaviour & Research, 2009, 15 (1): 71-93.

附录一　创业者创业能力研究调查问卷

尊敬的先生/女士：

您好！非常感谢您抽出宝贵时间参与填写此问卷。这份问卷的主要目的是了解创业者创业能力与创业环境对创业成功产生的影响。本次调查采取匿名形式，调查统计结果仅用于学术研究，您的个人填写结果将绝对保密，也不会与您所在的组织有任何联系，请放心填写。每题选项并无对错之分，请您根据自身实际情况如实填写。您的参与对本研究意义重大，再次感谢您的支持，祝您工作顺利，生活愉快！

第一部分：个人基本信息

1.性别：（　　）

A.男　　　　B.女

2.年龄：（　　）

A.20岁及以下　　　　B.21～30岁

C.31～40岁　　　　D.41～50岁

E.51岁及以上

3.学历：（　　）

A.初中及以下　　B.高中/中专

C.本科/大专　　D.硕士研究生

E.博士研究生

4.您在创立贵公司之前有（　　）年在其他企业的工作经验：

A.0　　B.1～2年

C.3～5年　　D.6～9年

E.10年及以上

5.在这次创业之前，您共有（　　）年与您创业行业有关的工作经验：

A.0　　B.1～2年

C.3～5年　　D.6～9年

E.10年及以上

6.在创立贵公司之前，您有（　　）创业经历：

A.0　　B.1次

C.2次　　D.3次

E.4次及以上

7.您的父亲或者母亲曾经创业与否：（　　）

A.是　　B.否

8.贵公司拥有员工人数：（　　）

A.5人及以下　　B.6～10人

C.11～20人　　D.21～50人

E.51～100人　　F.101人及以上

9.贵公司已成立年限：（　　）

A.在筹建中　　B.不到1年

C.1～2年　　D.3～5年

E.6～8年　　F.9年及以上

10.您创业的行业类别：（　　）

A.农、林、牧、渔业　　B.工业

C.建筑业　　D.批发业
E.零售业　　F.交通运输业
G.仓储业　　H.邮政业
I.住宿业　　J.餐饮业
K.信息传输业　　L.软件和信息技术服务业
M.房地产开发经营　　N.物业管理
O.租赁和商务服务业　　P.其他行业（请填写）__________

第二部分：创业能力

请根据实际情况在相应的数字上打“√”。

1.您认为以下两项能力对创业成功的影响如何：

机会识别能力	影响大小
善于在市场中发现潜在的创业机会	①非常大 ②较大 ③一般 ④较小 ⑤非常小
善于运用科学的方法和商业头脑评估潜在的创业机会	①非常大 ②较大 ③一般 ④较小 ⑤非常小

2.您认为以下两项能力对创业成功的影响如何：

资源整合能力	影响大小
打破常规、重建“游戏规则”的能力	①非常大 ②较大 ③一般 ④较小 ⑤非常小
对外部环境的变化及企业自身优劣势的洞察力和预见力	①非常大 ②较大 ③一般 ④较小 ⑤非常小

3.您认为以下两项能力对创业成功的影响如何：

人际关系处理能力	影响大小
有效地与人沟通的能力	①非常大 ②较大 ③一般 ④较小 ⑤非常小
建立和拓展人际关系的能力	①非常大 ②较大 ③一般 ④较小 ⑤非常小

4.您认为以下两项能力对创业成功的影响如何：

时间管理能力	影响大小
做事情能够分清轻重缓急	①非常大 ②较大 ③一般 ④较小 ⑤非常小
善于合理地分配和利用自己的时间	①非常大 ②较大 ③一般 ④较小 ⑤非常小

5. 您认为以下三项能力对创业成功的影响如何：

自我学习能力	影响大小
具有学习的动力	①非常大 ②较大 ③一般 ④较小 ⑤非常小
具有学习的毅力	①非常大 ②较大 ③一般 ④较小 ⑤非常小
具有学习的方法和技巧	①非常大 ②较大 ③一般 ④较小 ⑤非常小

6. 您认为以下三项能力对创业成功的影响如何：

团队合作能力	影响大小
信任工作伙伴	①非常大 ②较大 ③一般 ④较小 ⑤非常小
协商工作目标	①非常大 ②较大 ③一般 ④较小 ⑤非常小
相互配合工作	①非常大 ②较大 ③一般 ④较小 ⑤非常小

7. 您认为以下三项能力对创业成功的影响如何：

战略规划能力	影响大小
对行业的发展有一个宏观的把握和预测	①非常大 ②较大 ③一般 ④较小 ⑤非常小
明确企业的发展方向	①非常大 ②较大 ③一般 ④较小 ⑤非常小
为企业的长远发展制订具有前瞻性和全局性的战略计划	①非常大 ②较大 ③一般 ④较小 ⑤非常小

8. 您认为以下四项能力对创业成功的影响如何：

解决问题能力	影响大小
能够准确地识别和分析问题	①非常大 ②较大 ③一般 ④较小 ⑤非常小
能够提出解决问题的可行性方案	①非常大 ②较大 ③一般 ④较小 ⑤非常小
能够正确决策	①非常大 ②较大 ③一般 ④较小 ⑤非常小
能够付诸实施解决问题的方案并进行调整和改进，直到问题得到圆满解决	①非常大 ②较大 ③一般 ④较小 ⑤非常小

第三部分：创业环境

请根据实际情况在相应的数字上面打“√”。

1. 您的企业当初创立的时候，获得以下资金的难易程度：

资金来源	获得难易程度
个人或家庭积蓄	①很难 ②较难 ③一般 ④易 ⑤较易
银行贷款	①很难 ②较难 ③一般 ④易 ⑤较易
亲友借款	①很难 ②较难 ③一般 ④易 ⑤较易
风险资本	①很难 ②较难 ③一般 ④易 ⑤较易
公开招股	①很难 ②较难 ③一般 ④易 ⑤较易

2. 您认为教育背景对创业成功有何影响：

教育背景	影响大小
正规学校教育	①非常大 ②较大 ③一般 ④较小 ⑤非常小
相关的专业培训	①非常大 ②较大 ③一般 ④较小 ⑤非常小

3. 您认为政府政策对创立企业有何影响：

政府政策	影响大小
税收	①非常大 ②较大 ③一般 ④较小 ⑤非常小
对新创企业的资金投入	①非常大 ②较大 ③一般 ④较小 ⑤非常小
创办企业需要遵守的规则和程序	①非常大 ②较大 ③一般 ④较小 ⑤非常小
有形基础设施（管理咨询机构、交通设施、通信设施等）	①非常大 ②较大 ③一般 ④较小 ⑤非常小
政府采购（采购新企业产品）	①非常大 ②较大 ③一般 ④较小 ⑤非常小

4. 您认为市场环境对创立企业有何影响：

市场环境	影响大小
行业中私营企业的数量	①非常大 ②较大 ③一般 ④较小 ⑤非常小
行业进入难易程度	①非常大 ②较大 ③一般 ④较小 ⑤非常小
顾客对现有企业的忠诚度	①非常大 ②较大 ③一般 ④较小 ⑤非常小
竞争对手的竞争力	①非常大 ②较大 ③一般 ④较小 ⑤非常小

第四部分：创业成功

请根据实际情况在相应的数字上面打“√”。

1. 与您同时代的创业者相比，您认为您的企业的发展前景：

①非常好　②比较好　③一般　④差　⑤较差

2. 与您同时代的创业者相比，您认为您的企业的核心竞争力：

①非常强　②比较强　③一般　④差　⑤较差

3. 与您同时代的创业者相比，您认为您的企业的成长速度：

①非常快　②比较快　③一般　④差　⑤较差

4. 与您同时代的创业者相比，您认为您的企业的财务状况：

①非常好　②比较好　③一般　④差　⑤较差

附录二　创业能力分析案例

一、基于人格的领导力绩效风险与偏离因素

TPES[①]之领导力绩效风险评估报告旨在协助领导者发展能力。报告首先指出可能会损害或妨碍领导者绩效的行为，然后针对如何更有效地领导下属提出一些建议。

领导力是与建立和维系一个高绩效团队息息相关的。那些有碍你的团队领导能力的素质，将同样削弱你作为领导者的绩效。

本报告是基于TPES 14型人格特质评价的AI大数据分析所得到的结果，具备极高的精准度。本报告所呈现的结果基于全球领导力研究，并且针对专业人才及领导者。

1. 背景

大多数人在受到压力时会表现出一些有损于工作效率的倾向。我们将这些倾向称为“风险因素”。在正常情况下，这些因素可能是你的优

① TPES即人才赋能系统，是由人才发展所需的天赋（Talent）、个性（Personality）、潜能（Empower）组成的系统（System）。

势；而当你感到疲倦、有压力、无聊或心烦意乱的时候，这些因素可能会妨碍你的工作效率，危害你与客户、同事和直接下属的关系。他人可能意识到了你的这些倾向，但不一定会给你反馈。你的上司甚至可能会忽视它们。本报告分为三部分。第一部分为你的概况总图。第二部分按维度逐项对你的得分进行解释。得分为90～100分，位于高风险区；得分为70～89分，位于中等风险区；得分为40～69分，位于低风险区；得分为0～39分，位于零风险区。第三部分针对中等风险区和/或高风险区提出发展建议。

2.风险因素如何形成

研究表明，领导者的风险因素是在幼年时期学习处理同父母、玩伴、亲属和他人的关系中形成的。由于个人的行为方式大都在幼年形成，久而久之已经成为一种习惯，因此你可能对自己惯常的行为方式毫无察觉。

3. TPES领导力绩效风险报告的14个偏离因素

这些因素的定义如下：

执着（关于工作态度）：处理事务追求完美，讲究眼见为实，判断事情容易落入非黑即白的固定模式。结果：处理、判断事情缺乏灵活性，固执己见。

浮夸（关于人际交往）：追求美感、富有魅力、充满表现欲，不安于一成不变的生活。结果：有时会过度追求掌声，而丧失自我原则。

野心（关于竞争输赢）：野心勃勃、长袖善舞、善于权谋算计。结果：当诱惑过大时，可能牺牲他人权益来成就自我。

谨慎（关于行事风格）：心思敏锐、谨言慎行，在乎他人的眼光、评论。结果：行事往往瞻前顾后，裹足不前。

偏执（关于人际洞察力）：警觉性强、不畏舆论，行事需拥有主导权。结果：易过度解读他人言词与行为，与人相处时难以发展出互信关系。

依赖（关于人际和睦）：善体人意、温和纯良、愿意配合团队。结果：会过度依赖他人，缺乏自我意识。

自大（关于自我成就）：对自己抱有期许、充满理想，不甘于平凡。结果：会高估自己的能力和影响力，以至于眼高手低、自我膨胀。

失控（关于情绪掌控）：容易因周围环境里的人、事、物影响自己的情绪。结果：容易感情用事，容易被外在事物操控，而失去自己的行事准则。

冷漠（关于交际应酬）：享受孤独、拥抱清静、遗世独立。结果：喜欢独来独往，难以融入团队与人互助合作。

冒险（关于风险掌控）：享受冒险刺激、追逐快感，不喜欢被框架、规范所局限。结果：常用直觉行事，不考虑行为、决策后果。

怠惰（关于自我要求）：追求悠闲自在，不喜欢劳累自己、跨出舒适圈。结果：马虎行事，延误工作，拖累团队。

幻想（关于思维、知识成长）：不受限于传统、世俗的思考模式。结果：可能会沉溺在自己的思维、幻想世界中，脱离现实。

牺牲（关于人际付出与利益）：无防人之心、乐于助人而缺乏止损点。结果：不知保护自己的权益，有时会陷入人财两失的困境。

消极（关于事物判断）：实事求是、传统保守、墨守成规、刻苦耐劳。结果：故步自封，消极悲观，难以突破现状。

二、领导力潜能测评报表范例

TPES领导力潜能测评分析报表

基本信息

TPES
人才赋能系统

性别：男	电子邮件：
年龄：28	测评日期：2022-08-21
出生年份：1991	联系电话：

潜能——领导者的成功特质

潜能报告基于TPES性格测评，在12个维度上展开。每个维度对应领导所需的潜能的不同组成因素。领导力潜能关系到建立和维系一个高绩效团队，并使团队成员将团队目标置于个人目标之上。

续表

潜能指标	测量结果					结果说明
诚信品格		普通				倾向于个人主义与享乐主义，如他人与自己的行事风格相背离，则不易尊重他人、不遵循既定规范与社会公德
成就动机				很强		追求成功的野心与动力超乎常人，时事鞭策自己朝目标前进，是个工作狂，因此给自己与工作伙伴带来许多压力与痛苦
果敢决策			优			思路清晰，面对重大决策能多渠道收集、验证资料，在关键时刻当机立断、付诸行动，并勇于承担决策风险
创新意识				很强		勇于突破思维定式、敢于创新，对于新奇的想法、做法，接受能力强，也勇于尝试并提出不同的观点与方案
人际交往			优			在与人相处方面算得上八面玲珑、能言善道，对人有着独特的敏锐度，深谙人性，能适时满足周围人的需求，获得他们的支持与信赖
学习精神			优			以学习为乐，积极主动追求新知识，愿意突破旧有的思考模式，在知识领域不断追求创新，有着求知求变的研究精神
洞察商机			优			拥有敏锐的商业嗅觉，能洞察先机、观机而动，往往能快、狠、准地做出判断与决策，追上潮流

续表

潜能指标	测量结果					结果说明
领导团队			优			理智挂帅，很清楚自己所追求的目标，也有足够的毅力和统筹力，在生活里、职场中，将理想慢慢实践，也颇有知人善任的敏锐度与觉察力
沟通力				很强		拥有辩才，以及个人风采、魅力。虽然对周围的人有敏锐的觉察力，但容易变得强势，以及忽视他人的感受、需求
感召力				很强		深谙打造个人形象与魅力之道，是个充满个人魅力的领导者，具有足够的渲染力与感召力，能为员工描绘出美好前景，与员工一起追求卓越，但需防范眼高手低
应变力				很强		有良好的环境适应力，偏爱且会制造变化的环境，勇于迎接挑战，不甘于工作或生活里的平凡、平淡，喜欢制造惊喜与惊吓
执行力				很强		是个“拼命三郎”或“拼命三娘”型的人，做事时六亲不认，心中只有工作，并会将亲情、爱情暂放一旁，直到使命完成时，才会关心生活里重要的人

领导力指标测评解析

诚信品格

指标定义 | 随时随地以诚信开展业务，遵守公司制度规定和社会道德规范，对工作具有较强的责任心。

续表

测量结果 | 你的行事风格偏向个人主义与享乐主义，如他人与自己的行事风格相背离，往往在反复琢磨后，依然会将自己的权益和意志放在他人的感受之上，不以遵循既定规范与社会公德为主要目标来做自我约束。

注意事项 | 你的诚信建立在个人感受与喜好上，面对“意气相投”的人时，你能做到“义气相挺”，但对社会公众所尊崇的工作与人际交往中的诚信而言，还有一些差距。如何协调你所认定的“诚信”和社会公众所认可的“诚信”，是你需要努力的地方。

成就动机

指标定义 | 对自己的未来怀抱高度期许，并能制定明确的目标，有着强烈的动机和毅力向目标迈进，最终达成目的。

测量结果 | 你看到功成名就的人心中会产生取而代之的念头，你追求成功的野心与动力超乎常人，也会努力要求自己朝目标前进，因此会给自己与工作伙伴带来许多压力与痛苦。

注意事项 | 你习惯以“铁血政策”来要求自己和他人，你通往成功的道路铺满太多泪水和汗水，这些是你需要特别注意的地方。

决断能力

指标定义 | 在面对需要做出重大决策的事情或问题时，能够及时做出决断或给出明确意见、方法或方向，并确切执行。

测量结果 | 当压力排山倒海而来时，你往往能够沉着应对，思路清晰，面对重大决策能多渠道收集、验证资料，在关键时刻当机立断、付诸行动，并勇于承担决策风险。

注意事项 | 你充满理性也具备取得成功的潜能，但还需要真才实学来相呼应。如何在学习与工作中积累丰厚的实力，是你目前的第一要务。同时，你在一切顺心如意时往往过于自信，而拒绝广纳忠言，这是你需要特别留心的地方。

续表

弱 | 普通 | 优 | 很强 | 过强

创新意识

指标定义｜敢于打破常规，寻找新的方式方法，或提出新颖的意见和方案。

测量结果｜你拥有天马行空般的创意与想象力，也具有敢于冒险、突破、尝试的勇气。对于新奇的想法、做法，你拥有足够的接受能力，也勇于尝试并提出不同的观点与方案。你是一个勇于突破思维定式、勇于创新的人。

注意事项｜你往往将突破大家所认可的思维框架视为人生一大乐事，愿意尝试他人不敢也不愿尝试的全新领域。在创新、创意这个领域，你是一个勇于突破的人，但有时会沉溺于自己的看法、想法与做法，而变得过于激进。这个特质足以让你发挥创意、开创并引领潮流，但你有时过于专注在自己的思维里，而一意孤行，这是你需要特别注意的地方。

弱 | 普通 | 优 | 很强 | 过强

人际交往

指标定义｜在人群中具有敏锐的觉察力，能够轻易知觉他人的需求，并适时满足他人的需求，让周围的人觉得如沐春风、宾至如归。

测量结果｜你在与人交往方面算得上八面玲珑、能言善道，对人有着独特的敏锐度，深谙人性，更能适时满足周围人的需求，是一个难得的社交高手。

注意事项｜在人群里要时刻做到面面俱到、眼观六路、耳听八方是件辛苦的事，记得给自己一些独处的时间来休养身心。

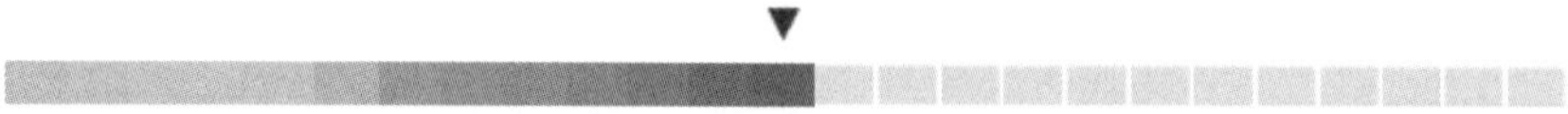

弱 | 普通 | 优 | 很强 | 过强

学习能力

指标定义｜对新知识有着勇于追求、尝试的精神，面对旧有的思考模式，抱有突破、创新、求知、求变、求新的态度。

续表

测量结果 | 你以学习为乐，积极主动追求新知识，愿意突破旧有的思考模式，在知识领域不断追求创新，有着求知求变的研究精神。

注意事项 | 公司是否愿意为员工提供学习机会，如购买专业相关的书籍、举办讲座、提供培训课程。

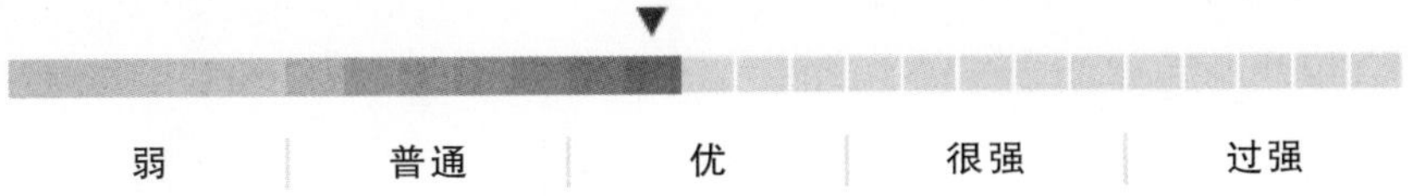

洞察商机

指标定义 | 分析所收集到的商业领域的相关信息，从中觉察他人未曾发现的机会或者机遇。积极审视组织内外部环境的变化，把握组织发展变化的趋势，养成分析问题或分析市场机会的习惯，从而有效洞察、预测与把握经营形势。

测量结果 | 你拥有敏锐的商业嗅觉，当世界潮流隐隐流动时，你已洞察先机、观机而动，对他人可能会错失的良机，你往往能快、狠、准地做出判断与决策，紧跟潮流。

注意事项 | 你对商业信息、社会脉动有足够的敏锐度，面对事务有快、狠、准的决断力，但有时过于相信自己的判断，如偶尔能广纳谏言，成功的路将走得更长更远。

领导团队

指标定义 | 在人群里有着知人善任的敏锐度，有能力调度人员、发号施令、管理人员，并将分内事有条理地进行规划、执行。

测量结果 | 你是一个非常理智的人，清楚自己所追求的目标，有足够的毅力和执行力，在生活里、职场中将理想慢慢实践，也颇有知人善任的敏锐度与觉察力。

注意事项 | 你是一个很主观的人，一旦有先入为主的想法，别人都无法轻易撼动，你最大的敌人是你自己。记得常检视自己的决策和执行方法是否妥当。

续表

沟通力

指标定义 | 在人群中有足够的敏锐度和觉察力，能够视情况做适度、强硬或者温和、委婉的沟通，往往能够达成皆大欢喜的双赢局面。

测量结果 | 你有辩才和高超的说话技巧。虽然对周围的人有敏锐的觉察力，但常常越说越兴奋，很容易忘记别人的存在，而变成个人表演秀。

注意事项 | 你有“见人说人话，见鬼说鬼话”的能耐，但要记得沟通时诚意和诚实才是最重要的。

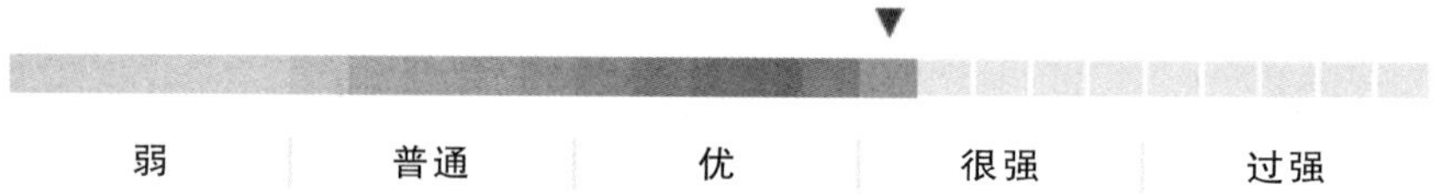

感召力

指标定义 | 为了使他人赞成或支持自己的态度、观点或行为，采取说服、示范等方法使他人信服、赞同的能力。

测量结果 | 身处人群之中，你天生具有人格魅力，拥有敏锐的人际嗅觉，深谙打造个人形象与魅力之道，是一个充满个人魅力的领导者，有足够的渲染力与感召力，能为员工描绘出美好前景，与员工一起追求卓越，但需防范眼高手低、行事风格华而不实。

注意事项 | 你懂得善用你浑然天成的人际魅力与渲染力去触动特定的人群，让你的人际关系非常有利于自己地位、权势的上升，但善体人心的能力有待加强。人际关系经营方向的偏差可能会主宰未来的成败。

应变力

指标定义 | 面对新环境或是新挑战时，有足够的灵活性和动力去接受改变，并享受生活里的变化，迎接挑战。

测量结果 | 你有着旁人无法企及的人际魅力，以及勇于冒险和挑战的胆识，这让你在人群之中如鱼得水，但要注意拿捏好尺度，否则在寻求刺激的过程中，很容易惹出麻烦。

注意事项 | 你有着为求结果不择手段的倾向，需要加强道德修养，努力做到利己而不伤人。

续表

执行力

指标定义｜面对预定目标或指定的任务，有着脚踏实地的毅力和实践力，能够坚定地达到预期目标。

测量结果｜你是个“拼命三郎”或“拼命三娘”型的人，做事时六亲不认，心中只有工作，并会将亲情、爱情暂时放在一边，直到使命完成时，才会关心生活里重要的人们。

注意事项｜你太在乎生活里的柴米油盐，而忽视感情、亲情的重要性。人生有些美好，错过就追不回来了。

挑战——领导者的风险因素

挑战报告旨在协助领导者发展能力。报告先指出可能会损害或妨碍领导绩效的行为，然后针对如何更有效地领导团队提出一些发展建议。

领导力是与建立和维系一个高绩效团队息息相关的。那些有碍你团队领导能力的素质，将同样削弱你作为领导者的绩效。

失控

关于情绪掌控：容易被周围环境里的人、事、物影响自己的情绪。结果：容易感情用事，被外在事物操控，而失去自己的行事准则。

执着

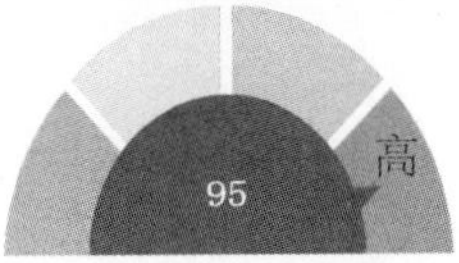

关于工作态度：处理事务追求完美，讲究眼见为实，判断事情容易落入非黑即白的固定模式。结果：处理、判断事情缺乏灵活性，固执己见。

野心

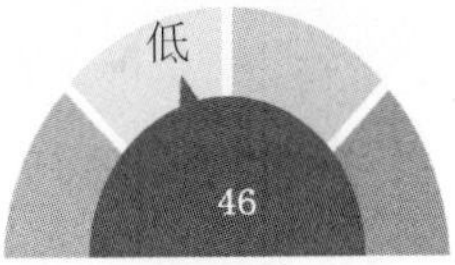

关于竞争输赢：野心勃勃、长袖善舞、善于权谋算计。结果：当诱惑过大时，可能牺牲他人权益来成就自我。

怠惰

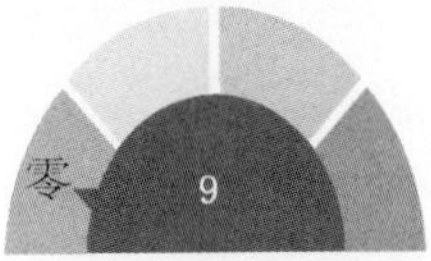

关于自我要求：追求悠闲自在，不喜欢劳累自己、跨出舒适圈。结果：马虎行事，延误工作，拖累团队。

谨慎

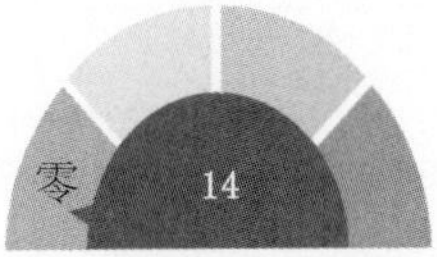

关于行事风格：心思敏锐、谨言慎行，在乎他人的眼光、评论。结果：行事往往瞻前顾后，裹足不前。

冷漠

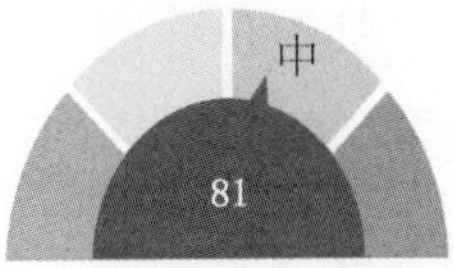

关于交际应酬：享受孤独、拥抱清静、遗世独立。结果：喜欢独来独往，难以融入团队与人互助合作。

续表

自大

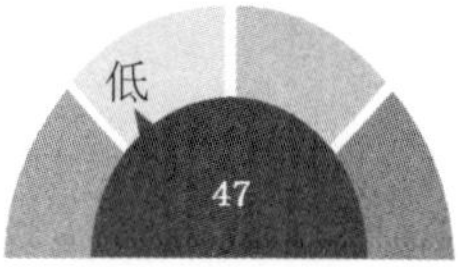

关于自我成就：对自己抱有期许、充满理想，不甘于平凡。结果：会高估自己的能力和影响力，以至于眼高手低、自我膨胀。

浮夸

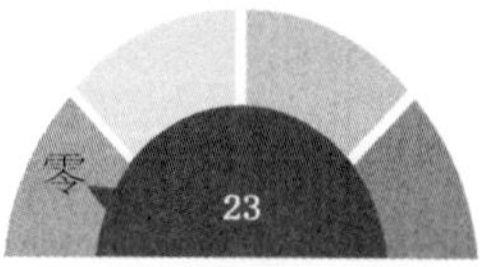

关于人际交往：追求美感、富有魅力、充满表现欲，不安于一成不变的生活。结果：有时会过度追求掌声，而丧失自我原则。

消极

关于事物判断：实事求是、传统保守、墨守成规、刻苦耐劳。结果：故步自封，消极悲观，难以突破现状。

自大

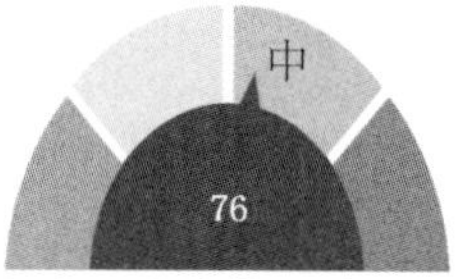

关于风险掌控：享受冒险刺激、追逐快感，不喜欢被框架、规范所局限。结果：常用直觉行事，不考虑行为、决策后果。

浮夸

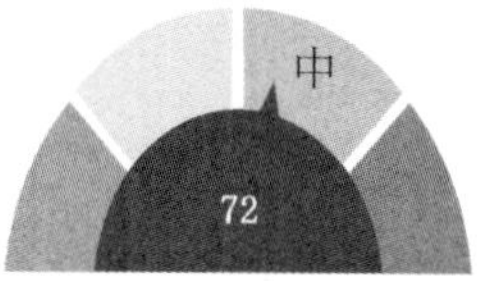

关于人际洞察力：警觉性强、不畏舆论，行事需拥有主导权。结果：易过度解读他人言词与行为，与人相处难以发展出互信关系。

消极

关于人际和睦：善体人意、温和纯良，愿意配合团队。结果：会过度依赖他人，缺乏自我意识。

自大

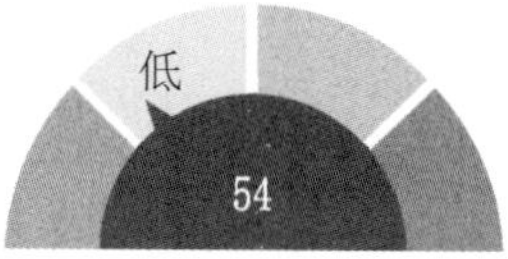

关于思维、知识成长：不受限于传统、世俗的思考模式。结果：可能沉溺在自己的思维、幻想世界中，脱离现实。

浮夸

关于人际付出与利益：无防人之心、乐于助人而缺乏止损点。结果：不知保护自己权益，有时会陷入人财两失的困境。

执着

行为含义

你在本维度处于高等风险区。此类得分者的行为特质：

■ 面对大小事务的处理，非常注重工作内容的严谨与完美度。

■ 面对工作内容，喜欢自己全权处理，以确保达到完美的工作质量。

■ 喜欢制定并遵守规章、制度、规范，并要求他人奉行不渝。

■ 面对事务容易遵循非黑即白的判断准则。

■ 讲究眼见为实，当有先入为主的想法时，会固执己见，难以被说服。

续表

行事风格 你做事时，偏好且安于有固定模式或是有既有可遵循的规范、制度，对于须发挥创意或是没有规律可循的事务，通常感到压力重重，甚至无所适从。面对重大决策时，必须花很多时间来衡量，常会陷入细节而难以窥见事情全貌。拥有强烈的道德观，会严以律己，也会严以待人，容易造成人际相处上的困难。 你希望确保工作质量和完善度，即使授权给下属来处理有关事务，也经常会要求他们运用某些特定的方法、程序来完成，也会督导、确认必须完善的关键环节。你是一个完美主义者，如不小心提醒自己，往往会将自己的行事准则和方法套用在他人身上。 **能力分析** ■ 面对自己分内的工作具有足够的毅力和耐心。 ■ 面对自己所负责的工作，有认真负责的态度。 ■ 往往会要求其他人也遵循自己的工作准则和标准。 ■ 难以做出授权的举动，即使授权依然会放心不下，常会督导、提醒下属。 ■ 擅长从事烦琐、有程序和方法可遵循的工作内容。 **发展建议** 你的优势在于：做事态度认真，不畏艰难，但会过度注重细节的呈现；做决策时，容易犹疑不决。处理事务时，会专注于工作质量的完美与完善度，因此有时会疏忽对大局的规划。通常会亲力督导、检视工作中大小事务的处置，难以做到充分授权，常常让自己过度劳累。还有，虽然你可能不愿承认，但你的固执己见常会造成人际相处上的困扰。 因此建议： 首先，学习知人善任，将可以由他人分担的事务托付给训练有素的专业人员来处理。学习处理事务时增强灵活性。 其次，学习如何从小事中脱身，放眼看大局，事业才能得到拓展。 再次，学习广纳忠言，尤其是有关创意、创新、改革等的事务，提升灵活性与接纳度。 最后，学习尊重他人的行事风格与准则，不要用自己的行事准则来要求与评价他人。

续表

定位——领导的团队角色

一个高绩效的管理团队应该由六种角色组成。没有完美的个人，但有完美的团队，利用个人的优势能力创造一个和谐的团队，可以极大地提升团队和个人的绩效。TPES团队角色分析，可以有效协助被测评者在团队中的角色定位，并协助打造高绩效的团队。

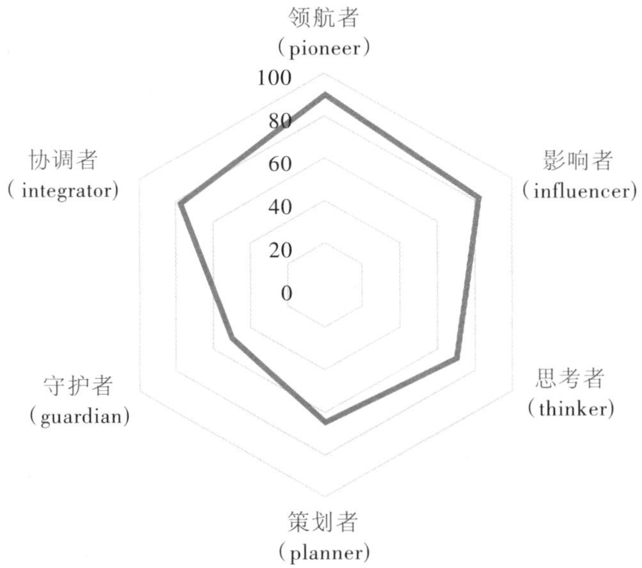

领航者（pioneer）

对时代潮流和社会脉动嗅觉敏锐，容易掌握商机和契机，勇敢追求突破、创新。有足够的成功动机与动力，愿意承担重任、独排众议，明确个人或公司的愿景，经过策划、协调与号召，带领工作伙伴实践理想蓝图。

协调者（integrator）

情绪平和、稳定，性格良善，与人相处时，总能带给他们如沐春风般的亲切和温暖。具有良好的倾听能力和团队配合度，面对工作伙伴或合作对象，总能细心、热心地服务、奉献，追求宾主尽欢。

守护者（guardian）

面对分内的事务，有认真负责、坚持到底的态度，面对生活或是工作的考验，能坚毅、沉稳、耐心以对。往往遵循“眼见为信”，不易为浮夸不实的言论所煽惑，不做无谓的冒险，凡事以守成、顾全大局、稳定成长为做事准则。

策划者（planner）

个性冷静，处理事务往往能分清轻重缓急，有条不紊地做出全面的分析、判断。拥有足够的责任感与耐心，能将所有信息进行系统的整理、规划，拟订可行的对策，同时通过沟通协调让计划得以执行。

续表

思考者（thinker）

具有勇于突破传统思维框架、求新求异的研究精神，遇事往往能静心抽丝剥茧，做好专业分析、判断。不爱觥筹交错，有足够的耐心，专心致志钻研专业知识，或是尝试开发、研究。

影响者（influencer）

反应快速、行动敏捷、思维灵活，对周围环境的变化具有很高的适应力与融入度。在人群中拥有一回生、二回熟的人际魅力与亲和力，能灵活运用策略达成双方满意的产业合作，并执行所达成的协议。

激励因素

激励因素是重要的职业驱动力，是在职场中可以激励人的因素。这些因素决定你的志向，象征着你奋斗和希望达成的目标，也决定你对工作和生活的追求。

能被薪金、职务、晋升所激励

弱 普通 优 很强 过强

指标定义 偏重现实生活中可见、所需的名利、荣誉、权势、地位。
测量结果 上进心强烈，外在诱因能成功激发出内在动机。
辅导指南 除说明一分努力可得到多少奖励外，公司需特别督导你一切需按照规章行事，不可冒进。

能被学习所激励

弱 普通 优 很强 过强

指标定义 拥有好奇心，追求新知，勇于创新。
测量结果 拥有勇于求知、尝试突破的精神。
注意事项：IQ的高低决定你在专业领域的成就。
辅导指南 提供与专业相关的在职进修、培训机会，最能激发你的工作热忱与潜能。

能被情感和服务所激励

弱 普通 优 很强 过强

指标定义 注重自我的感受、情绪、情感，希望被关注、照顾。
测量结果 个性中理智与感性兼具。适时、适度应用温馨关怀等情感和服务，能产生激励的效果。
辅导指南 个人赞美、鼓励不能少。偶尔送上感谢卡片嘘寒问暖，能增强团队的向心力。

能被休闲玩乐所鼓舞

弱 普通 优 很强 过强

指标定义 注重生活质量，以捍卫自我权益为重要取舍标准。
测量结果 能清楚划分工作与吃喝玩乐的界线。
辅导指南 达成工作目标后，得到应有的认可、实质报酬，自我奖励比吃喝玩乐更实际。

续表

性格特质解析

你的人格主型：秃鹰

你的人格辅型：狮子

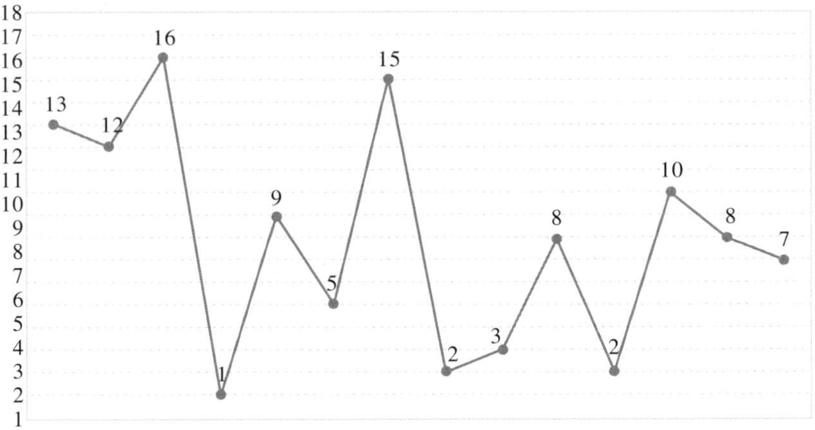

水牛	孔雀	秃鹰	白兔	猎犬	绵羊	狮子	变色龙	猫头鹰	黑豹	无尾熊	猫	蜜蜂	骆驼
13	12	16	1	9	5	15	2	3	8	2	10	8	7

你是一个野心勃勃、积极进取、勇敢追梦的人。对你而言生活如战场，而你是一员如假包换的战将，在逐梦过程中，面对可能会产生的人、事、物障碍，都可以毫不犹豫地一脚踢开。面对挑战时，你能果断做出决定，在竞争的过程中往往只愿往前冲，只顾及要快、狠、准地达成目的，常常不会考虑他人的感受和权益。

面对生活或是工作上的挑战，尤其是现实生活里的功名利禄，你通常为实现目标而工于心计，当外在压力过大或是诱惑太大时，你有“完成大我、牺牲他人”的倾向，可能使合伙人、厂商、客户遭受损失（这是公司在任用这类人才时需特别注意的地方）。

面对职场经营，你有着无人可及的敏锐度，再加上后天的真才实学，不论是维护客户关系还是工作表现，你都能熟练掌握（公司任用这类人才时，需特别引导他在工作尤其是与同事共处和面对客户时，懂得让利给他人，达成双赢，这样事业才能长久）。

续表

你是一个野心勃勃、积极进取、做事有自己的一套准则的人，往往会义无反顾地朝目标前进。如果公司制定了确切的晋升和奖励标准，你将发挥最大的工作效能。在工作中，如果公司或主管能给予适度奖励，让你可以看见未来的前景，更能激发你的动力。 面对工作，你偏爱有自己可以运筹帷幄的空间，太多约束与规章往往会给你造成无形的心理压力，引起你的抗拒。对你而言，最佳的工作情境是：主管能授予你这份工作的权责，给予充分的工作自主权，偶尔抽空了解你的工作状况，或者在你需要的时候，给予适当的支持、协助。这是你所需的最大的工作资源（考虑到你野心勃勃、积极进取，又有“追求成功、牺牲他人”的倾向，主管在这方面的操作仍需谨慎，也需设定特定的防范和监督机制）。 你非常注重自己对他人的影响力与主导性，所以主管需在这方面特别用心。你希望公司和主管有识才、用才、育才、惜才的眼光和能力，能提供给你向上晋升的机会，来激发出你积极进取的冲劲。你习惯有短期目标、中期目标甚至长期目标来引导你前进，如果主管能给你明确的努力方向、目标与行动步骤的话，将能提升你的专注度、工作效率与积极性，让你心无旁骛地朝着既定的目标奋斗。当然，在努力的过程中，让你得到实质的奖励，如奖金、职位晋升、工作自主、更多的权力等，一定能激发出你奋发向上的原动力。同时，你需要主管、工作伙伴认可你的才华、表现、风格，这是与你和平、快乐共事的关键。 你对善意的批评与建议的接受度不高，因此当主管对你的某种表现有意见时，最好在私底下提供建议，为你留面子，这样你才愿意为公司与团队尽心尽力。 当你在工作上做出额外的付出与努力时，主管要能看见并即时给予你肯定与反馈，不论是私下或公开、口头或书面的赞美和表扬，都是强有力的激励。

附录三　创业能力的相关思考与应用

一、老板的三项基本原则

这十多年来，因为职业使然，我接触了很多大大小小的老板（这里指民营企业创始人）。这些老板中，有些很成功，也有些不尽如人意，甚至很多走着走着就没有了踪影。社会上的阶层形形色色，客观来说，老板是比较不好做的一个阶层，无论大小老板，都过得比较煎熬。有些看上去风光无限、春风得意，也仅是表面而已，与他们深入接触后，往往能感知到其内心的种种焦虑和挣扎，很少人能做到超脱。若有第二次选择职业的机会，相信大部分的老板不会再走老板之路。

做人难，做老板更难，做好老板更是难上加难。一个好老板的标准是什么？这或许很难界定清楚，但在我看来，好老板至少需要坚持三个基本原则。

（1）社会情怀

大学生魏则西之死曾经引起舆论沸腾，直指莆田系民营医疗机构及百度的无良和邪恶。我无意去评价其中的是非，公道自在人心，无良者人不惩之必有天惩。人民网为此特意载文："患有罕见病的大学生，通过网络搜索找到一家医院，在花光东凑西借的20多万元后，仍不幸去世。尽管有人指出，搜索引擎的主要责任在于鉴别参加竞价推广者的医疗资质，难于对每位患者的疗效负完全责任，但作为医疗机构或医疗技术的网络推广平台，搜索引擎承担了公共媒体的社会功能，能否因此就放弃自己的社会责任？个中疑问，引发人们对搜索引擎'良知'的强烈关注。"

是是非非的背后，无非是利在搅局，在巨大的利益面前，有多少企业没了操守、失了底线？比如当下食品安全已成巨大社会问题，很多人指责有关当局监管不力，但背后的一众老板，若坏了良心，再多的监管又能管出什么样的食品安全？

海外大商场曾经频频出现中国游客疯抢商品的场景。《新华视点》发现，"华人爆买清单"，已从原来的奢侈品、电器等，逐步转变为儿童感冒药、卫生巾、丝袜、保温杯、电动剃须刀、指甲钳等相对平民化的低价日用品。这些产品，既非国内稀有，又非高科技含量，更非高档国际名牌，为什么国人要远涉重洋抢洋货？无外乎冲着别人的诚信、质量和价格而去啊！

消费者之所以用脚选择，显示的是对国货信心的不足。当前的供给侧结构性改革，特别呼唤企业和企业家精神，若企业及企业老板唯"利"是图，而忽略甚至轻视了"义"，不但会葬送企业的未来，甚至会为民族的复兴埋下隐患。

眼中只有利，而没有爱、责任和担当的企业及老板，走不了远路。好老板，当怀揣社会情怀上路。

（2）人本思维

若问老板最关心的是什么，十个中或许有九个告诉你，规模、利润和发展。这当然没错，若企业没有利润，不追求发展，那办企业干什么呢？问题在于，利润从何而来？靠老板一个人可能吗？显然不行，要靠团队，要靠人心。员工是驱动利益实现的首要因素，利润是"果"，员工是"因"，没有"因"，何来"果"？所以，关心利润必然首先要关心员工，照顾好了员工也就等于照顾好了利润。

员工、客户、股东三方的满意如何排序？很多老板会说客户第一，企业致力于追求客户满意，但问题在于，若没有员工满意，何来客户满意？只有首先确保员工的满意，才会有客户的满意，最终才有股东价值。这个顺序反映的是商业的基本逻辑，错不得也错不了。

很多老板常把“以人为本”挂在嘴边，但具体到实际，却是典型的“以利为本”，眼中只有利润，容易陷入“物本思维”而忽略“人本机制”。没有办法经营人心的老板，也注定没有办法经营好企业的未来。

（3）运营能力

在企业的发展方向明确后，最考验老板心智的，是如何凝聚人心，让大家拧成一股绳，齐心协力完成规划目标，向下一个发展目标冲刺。

而在现实中，让大小老板烦恼的核心之一，恰恰是招得到人，却得不到人心。老板有很多想法，但真正落地的很少；老板天天在折腾，而下属却朝九晚五悠哉度日；凡事必须老板亲自督战，否则交办之事如泥牛入海无声无息；问题老是重复发生，但下属还天天扯皮推诿不负责任；企业问题丛生，但没有几人能为此愿意或有良策推动变革，唯有老板负重前行……凡此种种，不一而足，如此，老板不苦，谁苦？

问题在于，面对上述种种，若能苦尽甘来，吃再多的苦，老板也值得；若无良策应对上述之苦，面对的必定是“苦海无边，回头无岸”啊。

所以，老板的商业驱动力之一是自己的运营能力，在机制塑造、文化导入、识人用人方面，老板要有远见卓识。好机制才能用好人，好文化才能发展人。有人，才有天下！

“青春是打开了就合不上的书，人生是踏上了就回不了头的路。莫要辜负青春，它是一生最璀璨的岁月；莫要蹉跎人生，人活着一定要带上使命上路。”对走上老板之路的大小老板而言，人生既然选择了走这条路，那就要把这条路变成不悔的路。在路上，一定要创造价值，活得精彩。怀揣社会情怀、人本思维、运营能力三项基本原则上路吧，前路漫漫，但风景无限！

二、总经理的三项最重要的能力

最近一段时间，因为投资的关系和人才管理咨询与培训业务的需要，我密集接触了一批大小企业的总经理，并与其中好几位总经理进行了深度交流。结合与总经理这个阶层大量接触的经历，我静心梳理了一下，感觉在当前的VUCA①时代，一个总经理身上的三项能力特别重要。

(1) 远见

一家没有未来方向的企业是很难持续发展的，更谈不上基业长青了，而这一点又取决于总经理（如果有董事会，总经理弱一些也无妨）有没有方向感，能否把握大趋势并因应大趋势成功发动内部的变革。

我最近拜访了一家石材企业，当他们的领导为我们展示企业未来的战略构想时，我非常惊讶：一是企业还处在鼎盛时期就嗅到了风险，悄悄为未来布局；二是能将最传统的企业与最前沿的区块链理论嫁接，进行全新的商业模式设计；三是能以平台的思路去整合产业链上最重要的资源，实现共赢。

他们这个战略构想一旦落地，必定会颠覆行业的经营生态，引领行业又一个跨越式的发展。在这样的远见和谋局当中，企业必将屹立不倒。

在企业鼎盛时期主动布局，呼应大势而积极行动，并且能将设想转化为商业行为，是卓有远见的总经理必须具备的首要能力。

(2) 定力

在福州“八闽蒸情健康饮食有限公司第一次股东大会”上，董事会安排我做了一个主题发言。在发言中，我说：“一家企业和一个人，最重要的不是说你想要做什么，而是不想做什么，能放弃什么。”没想到，这个观点引起了参会诸股东的热烈反响，大家深以为然。

其实，这就是一家企业的总经理的定力。

我们所幸身处在一个伟大的变革时代，适逢和平盛世，因而眼光所

① VUCA是volatility（易变性）、uncertainty（不确定性）、complexity（复杂性）、ambiguity（模糊性）四个英文单词首字母的缩写形式。

触及的均是机会，机会往往又会转化成诱惑。面对诱惑，比拼的就是人的定力了。

如果一位总经理，今天看这个赚钱去做这个，明天看那个赚钱又去做那个，表面上的热闹就会掏空一家企业的核心竞争优势。这种机会主义也必然会葬送企业的前程。

儒家讲“大义”之道，就是治国安邦的大学问。获得大智慧的方法，在于“知止而后有定，定而后能静，静而后能安，安而后能虑，虑而后能得”。意思是只有用心观察世界和自己，才能止住各种思想杂念和对过往习惯的执着，进入真正的意境；内心安定才能够镇静不躁；镇静不躁才能够体悟当下，从而开启真正的思考，最终得到深层智慧。

在遍地是机会的今天，更加考验着一个总经理的定力和经营智慧。或许对很多人而言，夜深人静的时候，有必要经常拷问一下自己：什么是你想要的，什么是必须坚决放弃的。

（3）领导力

无论是远见还是定力，所有结果的实现都要求总经理拥有超强的执行力将所有的商业设想变为现实。如果只有总经理一个人在战斗，那么再卓越的远见、再强的定力都不可能变成伟大的商业成就。必然地，要有一群人和总经理一起并肩战斗，企业才能实现自己的光荣与梦想。

所以，每位总经理的身上都要具备领导力。

有了领导力，才会具备变革力。企业从过去走到现在，从现在走向未来，如果固守传统的思想和做法，一定会被时代抛弃。而要破局，建立新思维、适应新时代，当然就需要变革。变革是让大家走出固有的舒适区，去迎接新的挑战，适应新的变化。这种转变是痛苦的，也必然会带来对变革的抵触甚至抵抗。这个时候，如果总经理缺乏领导力，就会束手无策，而无奈放弃，企业也会因此逐渐走向消亡。

领导力作用的对象首先是“人”，这就需要总经理首先要有慧眼识才的能力。如果“人”不对，再强的领导力都不可能在不对的人身上产生正向的作用力。

何为对的人？一定是价值观和企业相匹配，职业兴趣、专业知识、应用技能和岗位相匹配，个人和上级相匹配，也就是价值观、职业兴趣、专业知识、应用技能、上下级关系五个方面都匹配的人，才是对的人。总经理要有能力对这五个方面逐一识别。

每家企业无论大小，我想都有奔向星辰大海的愿景，要让企业有光辉的未来，总经理非常重要。一个合格的总经理要具备若干条件，但远见、定力和领导力这三点无疑是其中的核心，具备了这三点，总经理有希望，企业也会有希望。

三、首席人才官的洪荒之力

“洪荒之力”因2016年里约热内卢奥运会上中国选手傅园慧赛后接受采访而意外走红，一时间这个词也让网友们脑洞大开。

什么是“洪荒之力”？国家地震局的权威解释是：洪荒是指地球形成以后早期的状态，一切都在混沌蒙昧之中。那时候的地壳很薄，地震频发，温度极高，造山运动引发了多次大洪水。经过几轮造山运动后，地球上的大气环流逐步建立，地壳也趋于稳定。可见，洪荒之力确实很强大。

网上一篇《史记·傅园慧传》广为流传：“园慧懵然，惊曰：‘吾以为五十九秒矣，居然胜于此，疾速若此乎！吾足矣。’言时不能自胜，以手捧怀，长啸，瞠目，摇首，大笑，若痴若狂。左史问曰：‘汝尽力乎？’园慧曰：‘吾尽洪荒之力矣’。”

这个已尽洪荒之力的傅园慧，最终也收获了一枚奥运会铜牌，赢得了荣誉。可见，洪荒之力在赛场有多么强大。

身在职场，洪荒之力也是如此，对工作是否尽心尽力，几乎可以用来检验与衡量一个人的德行与未来。罗辑思维的文章《你拿着高薪，却不知道自己已经破产》中有一些话耐人寻味：

“行业的繁荣或依赖政策形成的稳定，会给一些鱼龙混杂、蜂拥而入的从业人员造成错觉，相信自己可以高枕无忧不思进取，甚至以为自己‘亦有贡献’。可在危机来临时，一个人的能力储备、职业素养、知识更新、自我成长，会自觉地被激发、强调出来吗？”

“我们有没有勇气和清醒（的意识），独立于外部环境和行业冷暖，明白自己要做些什么？”

文章之意就是说有些身在“好”行业的人因为衣食无忧，渐渐丧失进取之心，对工作全无“洪荒之力”，在自我陶醉中浑然不觉地“残”了，最后进入“自我破产”状态。

具体到首席人才官或人力资源管理界的同行，如何借“洪荒之力”这个热词开开脑洞，想想如何尽“洪荒之力”以使自身更具价值？

首席人才官的“洪荒之力”无外乎三点：肯干、能干及会干。

（1）肯干

这是毫无疑问的，如果一个人连干的动力都丧失了，一切皆休，其他的都免谈吧。

（2）能干

有两条线：第一条是知识线。首席人才官不仅要具备必需的专业知识，如组织设计、薪酬、绩效等专业知识，还要掌握：行业知识，如在互联网公司上班，那就得知道这个行业的特性、发展趋势、同行的情况；法律知识，如劳动合同法、公司法等相关法律法规；公司知识，如产品、战略定位、商业模式、企业文化、研发、生产、营销、财务等各领域基本知识。第二条线是运用知识的技能。懂绩效管理知识并不意味着能在企业成功推动绩效管理，要想成功推动，一定要具备运用知识的技能，如领导管理力、人际交往力、团队合作力、沟通协调力、改革创新力等。

知识线加上技能线，两条线的组合，才能最终成就一个人的能力。

（3）会干

如果说肯干、能干是“因”，那么会干就是“果”，决定一个人最终能否创造价值。会干也要聚集两条线：一条线是“业务线”，要能围绕企业经营目标知道应该设计什么样的人力资源管理体系，才能激发个体效率、团队协同，集众人之力达成组织目标；另一条线是“人事线”，要能慧眼识才，知道如何选拔、匹配人才，特别是关键岗位的核心人才，让对的人到对的位置做对的事情。

真正能帮助企业赢得利润的人力资源部、首席人才官，才是有价值的，才能使推动企业价值实现的“洪荒之力”足够强大。

四、百万年薪职业经理人应具备的12项通用能力

百万年薪，身在职场的精英或许都会把它列入自己的职场梦想而不懈追求。人在职场，钱当然不是唯一的，但收入水平也是一个人自身实力的一种体现，因而职场精英一般不会羞于谈钱，但是必须做到“君子爱财，取之有道”。

百万年薪的职业经理人这些年我也接触了不少，综观他们获取百万年薪的路径，和我反复主张的一个逻辑是紧密吻合的，这个逻辑就是：合不合+能不能=行不行。

（1）百万年薪的前提是行不行

人在职场要获取百万年薪，不像买体育彩票，运气到了才会中彩，它拼的不是运气，而是实力，是行不行！而一个人的实力是为人做事的综合体现。做人上，要让人感到靠谱和踏实，的确是一个可信赖的人；做事上，要有高度的专业水准，做出的事情漂亮、令人叹服，甚至超越别人对你的期望。如果是做人很好，但做事不行，或做事很有水准，但做人没有口碑，通常是很难获取高薪的。行，才有高薪；不行，则是低薪甚至零薪。

一个人外在展示的“行”还是“不行”，跟自身的两个内在因素是紧密相关的，这两个因素是“合不合”与“能不能”。

（2）行不行首先要看“合不合”

看“合不合”的问题，最重要的一个“合”是职业兴趣的合，也就是一个人首先要定位清楚自己的职业取向：是有兴趣做管理呢，还是有兴趣干技术？是选择安稳的上班之路呢，还是喜欢接受随时有风险的创业挑战？如果一个人不是为了兴趣而工作，纯粹是为养家糊口过日子而工作，则很容易陷入职业倦怠，进而影响做事的水准和做人的口碑，所谓“男怕入错行，女怕嫁错郎”即是此理。若职业选错了，跟高薪自是无缘喽。

如何看出自己的职业兴趣？可以借助“合不合云端选才系统”这套专业的在线测评工具。这套工具将人区分出十四种人格典型，借由这些典型来分析和定位自己，以在职场中发挥全部才能。比如，人格主型是

“水牛型”“秃鹰型”“狮子型”的人，选择走职业经理人道路，成功的概率比其他主型的人会更大一些。“知彼知己，百战不殆”，身在职场，通过便捷的在线测评工具了解自己的人格主型，以便扬长避短，更好地判断职业倾向，是很有必要的。

“合”的第二个方面是个人价值观与企业价值观的匹配度。但凡百万年薪的职业经理人，都是能深度融入企业、与企业携手并进的职业精英。与企业深度融合在于个人与企业两者之间的共同作用，企业不嫌弃个人，个人也能忠于企业。没有哪家企业愿意喜欢、亲近和容忍一个内心充斥着负能量的人。若一个人没有感恩利他、责任担当、团队协作、创新进步等正向价值观，而是充满着利己和抱怨、推诿和指责、自私和自大等负面的情绪，企业能容忍一时，不可能容忍一世！而个人要忠于企业，就要分析清楚自身的追求和企业倡导的价值观是否匹配。若是追求安逸，喜欢过朝九晚五的生活，假设选择到以“加班”为常态的华为上班，可能最后就会无法忍受而弃华为而去；若是追求快乐、自由、年轻、张扬而有活力的生活，进入互联网企业是不错的选择。百万年薪不是靠几年打拼就能实现的梦想，一定是靠长期的坚持和积累。量积累到一定规模的时候，才会发生质的变化。而一个人在一家企业能否长期坚持，价值观是否匹配是其中最重要的影响因素。

（3）行不行还要看“能不能”

行不行的第二个决定因素是“能不能”。如果“合不合”影响着一个人“愿不愿意干”，那么“能不能”便决定着一个人“能不能干”。一个人愿意干，但没有能力干，不行！一个人有能力干，但不愿意干，最终也不行！上文我们谈了“合不合”，那百万年薪的职业经理人又要具备什么样的能力结构，才能凭此问鼎高薪呢？以前我和我的团队也一直试图去解析这个基因图谱，但每一种方案似乎都还存在缺陷，并不能令我们自己满意。直至“合不合云端选才系统”基于十四种人格特质提出了十二项专项职业能力，我们结合大量的企业实践案例进行了反向求证后，我们才觉得它是比较专业、全面和客观的。这十二项能力是什么呢？

① 环境应变能力：面对新环境或是新挑战时，有足够的弹性和动

力来接受改变，享受工作的变化，迎接挑战。

② 改革创新力：面对新颖的事物或工作上的挑战时，有很高的接受度，也有足够的魄力和决心迎接挑战，由此做出改变和创新。

③ 领导管理力：有知人善任的敏锐度，有调度人员、管理人员以及清晰地规划目标、高效执行的能力。

④ 人际交往力：在人群中有敏锐的觉察力，能轻易知觉他人的需求，能适时满足他人的所需所求，让周围的人觉得如沐春风、宾至如归。

⑤ 分析思考力：面对压力时，能保持冷静、理智的态度，对事物有敏锐的觉察力，愿意花时间、精力来思考、分析事情的来龙去脉。

⑥ 团队合作力：在团队里，能够与他人和谐相处、互助合作，遵循团队领导者的指示，依循团队规范，将指定的工作顺利完成。

⑦ 学习精神：对新知识有勇于追求、尝试的动力和精神，对于旧有的思考模式也有勇于突破、创新、求知、求变、求新的研究精神。

⑧ 执行力：面对预定目标以及指定的任务，有脚踏实地的毅力和实践力，能够坚毅、持续地实现目标、完成任务。

⑨ 沟通协调力：在人群中有足够的敏锐度和觉察力，能够视情况做适度、强硬或者温和、委婉的沟通，注重横向协调，最终能够实现皆大欢喜，达到双赢甚至多赢的目的。

⑩ 成功动机：对自己的未来高度期许，并能制定明确的目标，有强烈的动机和毅力向目标迈进，最终达成目的。

⑪ 情绪稳定度：有很强的自我情绪管理能力，不会轻易因外在环境里人、事、物的异动而影响情绪，导致情绪失控。

⑫ 工作续航力：非常注重完成工作的质量和完美度，面对工作可以保持始终如一的热忱，能坚持到底，不会虎头蛇尾、半途而废。

关于这十二项能力，您现在是什么级别呢？哪些能力是您的优势？哪些能力还是你的短板尚需努力改善？

当然，在现实中，那些百万年薪的职业经理人并不是这十二项能力全部达到了应有的水准，在过去和现在拥有百万年薪，也并不能说明未来还能拥有百万年薪。一个人要建立持久的竞争力，就要在明确自身短板的前提下，补齐短板，并将优势发挥到极致，这样才能一直走在精英这条路上。

五、现代企业高管最看重的五种能力

如果一家企业的方向是明确的、清晰的、正确的，那么管理水平几乎可以决定这家企业的成败。一家企业的管理水平取决于企业高管的管理高度，而企业高管的管理高度又由五种能力决定。这五种能力具体如下：

（1）能持续学习的求知力

学习一时管用一时，学习一世管用一世。社会在发展，市场在变化，企业要不断适应及创新。企业高管是使企业跟上变化、快速成长的关键。企业高管只有不断学习，才能把新的思维和做法带给企业，为企业带来新的活力，也只有持续学习，才能以从容不迫的姿态面对多变的市场竞争环境。

从工业时代进入人工智能时代，最重要的一个特点就是“变”，企业高管要能在“变”中发现规律，寻找机会，唯有在企业不断发展壮大的过程中不断学习，去改变自己的战略眼光和格局，重新考虑自身的定位问题，提升自身的战略管理能力、运营控制能力、人力资源配置能力、财务管理能力和营销开拓能力等，才能让自己的能力与时俱进，适应新的环境及变化。

（2）能化繁为简的洞察力

林语堂说：“人生的智慧在于摒弃那些不重要之事。”企业的发展同样如此。著名的蓝海战略思想就是通过对价值链重新定位，放弃那些不重要的部分，而集中优势关注并做好那些对企业至关重要的价值环节，从而获得竞争优势。

《道德经》也说“少则得，多则惑”。有所得就必然有所舍，企业高管要持续优化企业的行动，让删减、精简和纠正成为企业日常工作的必然。而如何取舍就在于有勇气和慧眼去识别并放弃那些不重要的事情，这些恰恰又取决于企业高管的洞察力。

洞察力帮助我们辨别方向。《爱丽丝梦游仙境》中有一句话很有哲理："如果我们不知道要前往何处，那么，任何道路都失去了意义。"

无论如何，目标明确、重点突出并保证在要事上全神贯注，才能帮助企业取得更大的成功。

（3）能聚力汇贤的感召力

感召力也称"企业领袖气质"，是个人具有的一种人格特质，尤其是指那种神圣的、鼓舞人心的、能预见未来、创造奇迹的天才气质。具有这种气质的人对别人具有吸引力并得到拥护，这种领导者也被称为魅力型领导。

一位具有感召力的企业高管，无疑是一个团队的核心。这个核心的作用，一是能让企业所有人的思想和行动都聚焦在企业的愿景、使命和价值观上，让大家步调一致，齐心聚力实现企业的目标；二是能汇聚天下英才，让那些有正能量、能干事、能成事的人聚集在周围，共创、共享、共赢，集众人之力来实现宏伟目标。

（4）能持之以恒的意志力

意志力是心理学中的一个概念，是指一个人自觉地确定目标，并根据目标来支配、调节自己的行动，克服各种困难从而实现目标的品质。

早在2 000多年前孟子就说过："天将降大任于是人也，必先苦其心志，劳其筋骨，饿其体肤，空乏其身，行拂乱其所为，所以动心忍性，曾益其所不能。"这段话生动地说明了意志力的重要性。意志力可被视为一种能量。企业高管如果能够通过这种能量感召周围的人，激发出大家火热的感情、坚强的意志、勇敢顽强的精神，去克服前进道路上的一切困难，那么，必然地，企业也会因此而有光明的未来。

（5）能推陈出新的改变力

旅日作家小野写了一本书叫《改变力》，他在书中说："世界变化不停，人潮川流不息，别以为躲在舒适圈里日复一日地得过且过就是成长——那只是变老。当世界无法改变时，有想法，才有活法；有改变，才有出路。"

而改变的前提是推陈，只有打破固有的思维定式和习惯做法，才能结合当下的环境做出应变，甚至适度地前瞻引领，也只有应变和引领，才能逐步地把企业带上康庄大道。

总而言之，现代企业的高管只有具备“能持续学习的求知力、能化繁为简的洞察力、能聚力汇贤的感召力、能持之以恒的意志力、能推陈出新的改变力”这五项基本能力，企业的内部运营才会有高度有格局，体现出高水准，进而走向新的高度。

六、什么样的经理最值钱——以李锦记集团为例

李锦记创办于1888年，发展至今已有130多年，跨越了3个世纪，是真正意义上的百年老店，华人企业中的世界品牌；而且，李锦记打破了“富不过三代”的创富魔咒，到李惠森这一代，李锦记已历经4代，企业越做越大并享有世界影响力。

或许大家会这么认为，经营一家百年家族企业，作为掌门人的李惠森一定忙得不可开交，把全部精力都花在公司上而没日没夜地工作吧？

事实呢？李惠森根本不用为公司的正常业务操心，也很少去公司，有时可能连续几个月都不会在公司出现，即使去公司，通常也只待两三天。他有很多的时间旅游、打球、思考策略，做一切自己想做的事，他还是高尔夫球业余组比赛的冠军。

公司呢，并不会因为李惠森这个悠闲的首席执行官而受到任何不利的影响；相反，一切都运行得很好。公司连续10年保持两位数增长，而且连续两届获得“中国最佳雇主”和“亚洲最佳雇主”称号。

李惠森在刚接任首席执行官的时候也非常忙，他在香港和广州两地疲于奔命，常常一天工作十几甚至二十个小时，有堆积如山的文件要处理，有无数的电话要接听，有很多问题要解决。因为这样疲于奔命，他的身体也出了毛病——高血压、脂肪肝、痛风等。尽管这样，但企业的发展并不顺利，一度让李惠森感到焦虑和恐惧。

当李惠森可以解脱出来，不用事无巨细忙来忙去的时候，他的身体好了，事业也顺风顺水了。

这背后是什么逻辑？李惠森忙了，折射的是其领导团队的衰弱；李惠森闲了，映照的是其领导团队的强大。

这就告诉我们：“我们”一定大于“我”！“我们”能够创造的价值会远远大于“我”，“我们”汇聚的智慧和力量会远远超过“我”，也就

是人们常说的“1+1>2”。

至此，标题中的答案已经凸显，什么样的经理最值钱？能借势“我们”、凝聚团队力量的经理最值钱！

《道德经》中说：“太上，下知有之。其次，亲而誉之。其次，畏之。其次，侮之。”翻译过来就是，最高层次的领袖是大家只知道他的存在，但并不认识他，称为“无形领袖”；次一层的，受大家拥戴；再次一层的，令人害怕；最低层次的，则是被人轻蔑。

古人的智慧再次验证了这样的事实。什么是最好的经理或领导？不管你在不在，企业或部门都能正常运转，下属们会主动并井井有条地完成工作任务，帮助你达成目标。

道理似乎大家都懂，但如何做到呢？

首先，要端正理念。我接触过很多管理者，很多人虽然身在管理者的位置上，但思维还停留在原先在某一专业岗位任职的时候，总是觉得，只有自己忙，只有自己能干，才能显出自己在部门的价值。问题在于，只有自己忙，下属都不忙，只有自己能干，下属个个不胜任，这样的管理者能是合格的管理者吗？只有让大家忙，让大家能干，让大家撸起袖子齐心协力共赴目标的管理者才是合格的管理者。

其次，要有章法。理念再通，但不知道怎么做，一切皆成空。管理者如何带好团队，并借助团队实现共同目标？李惠森在李锦记内部推动的“自动波模式”值得借鉴。这套模式包含六个部分，也是管理者在管理的日常实践中要具备的六个手法。李总是这样说的：

第一手法：选对人才。如果没有人才或者人没有选对，企业即使拥有一流的产品、一流的战略，也不会有所作为。部门工作最后要有成效，各个岗位上的任职员工首先要选对。所以，选对人才是管理者凝聚团队之力达成目标的第一项要修炼好的基本功。

第二手法：高信氛围。高信氛围指的是团队成员之间高度信任，相互理解、支持，愿意关心他人以及欣赏彼此差异的工作氛围。

一个团队如果没有这种信任的氛围，人和人之间的关系就会是冷漠的、相互戒备的。如果大家只关心自己，不关心他人，既不愿意向他人借力，也不愿意帮助他人，遇到问题还会互相推诿、逃避责任，那么，在这样的氛围下，员工会产生强烈的压抑感，缺乏工作热情，无法发挥自己的潜能，工作效率也会非常低。

所以，合格的经理应该善于营造高信氛围。

第三手法：高效团队。有了合适的人才、高信氛围，团队成员还需要互相借力、关注结果、追求高效益，形成“高效团队”，才能在竞争与变化中把握机遇，保持优势。

经理人要善于打造高效团队，让团队成员相互欣赏、相互支持，发挥每个人的独特才干；遇到问题时，大家共同面对、勇于承担；做任何事情都站在“我们”的角度，追求高效益，为共同目标而努力。

第四手法：共同目标。共同目标指的是团队成员共同参与制定的、达成共识的目标。它告诉大家做什么、为什么做，然后大家心一致、行动一致，确保共同目标的实现。

经理人只有让团队成员明确了为之奋斗的方向，才能确保执行精准到位，并能在目标达成后给团队成员以非凡的成就感。

第五手法：有效授权。落实共同目标的前提是“有效授权”。经理人必须通过“有效授权”明确每个团队成员的角色与责任，激发每个人的潜能，汇聚团队的智慧与力量，从而达成目标。

经理人要有效授权就必须做到“说明目标”“界定工作范围”“了解工作效益”“给予资源”“让下属做出承担”五个部分，并注重结合公司的文化，让有效授权更好地借力成事。

第六手法：教练育才。培养人才不仅是企业的战略问题，也是领导者的重要职责，是领导者应该做也必须做的一项重要工作。

领导者如何做好教练育才？“学、做、教”是重要方法。学，包括向他人学、在做中学、在教中学；做，包括学他人做、自己做、教他人做；教，包括教他人学、教他人做、让他人教。简单来说，就是领导者要能师傅带徒弟，师傅在工作、实践中向徒弟传授经验、技术与知识，并检查徒弟的掌握情况。

上述六大手法构成一个动态循环，管理者要通过这样的循环来达到最高境界，也就是管理者最有价值的角色或行为——无形领袖或称自主管理。

今天，几乎所有的企业都在追求永续经营，这就要求企业不断追求创新，尤其是管理创新。所以，重塑管理者的领导力特别重要。李锦记的“自动波模式”给予我们很有益的启发。企业要是能够借鉴、完善这些想法并加以实践的话，一定会推动企业的永续经营。而管理者个人，若能让下属自动自发地奋斗，让自己成为无形领袖，一定会在管理的职涯之旅中不断提升自我价值。

七、职业经理人背负的四种复杂角色

《财富》（中文版，2017年第1/2期）杂志上有一篇写美的集团董事长兼总裁方洪波的文章，题目是《中国最成功职业经理人的成长史——杀手、隐者、梦想家、过客》。尽管文章并没有对这四个词给出更详细的解释，但看到这个题目后，我觉得用“杀手、隐者、梦想家、过客”这四个词来概括职业经理人应扮演好的四种角色，非常之妙。

首先要申明的是，为便于阐述，这里所说的职业经理人专指“部门负责人”这一特定角色，对四个词的顺序也做一个调整——“梦想家、杀手、隐者、过客”。

（1）职业经理人要背负的四种角色

①梦想家。

职业经理人的基本使命是带领团队去实现组织目标。带领团队是“因”，实现目标是“果”。如果一个职业经理人不擅长带团队，仅凭自己一人之力或几个骨干作为，是很难实现好结果的。这也就意味着，衡量一个职业经理人是否胜任的重要标尺，就是看其带团队的水平如何。

人对工作回报的期盼，除了物质利益，还有工作成就，两者是相辅相成的。因而，职业经理人要激励员工、凝聚团队的力量，除了做好分配工作之外，还要予以员工工作的成就感。也就是说，职业经理人要扮演好“梦想家”角色。

这个角色的任务是：一要向员工阐明部门存在的意义和价值；二要能够宣传企业愿景、使命，分解战略目标，使每个团队成员都能感觉到自身工作的价值和意义；三要创造机会，让员工能和部门及企业共享发展成果。

梦想家的特点是能感染、能号召，而这两点恰恰又是职业经理人的基本功。

②杀手。

这里的“杀手”当然不是取其本义，而是一种比喻。一想到“杀手”，我们脑海中可能会立即浮现出冷酷无情、技艺高超、身手敏捷、目标精准等字眼，而这些其实也非常符合职业经理人的角色特征。

《增广贤文》中有言：“慈不带兵。”只有铁的纪律、军令如山倒的魄力，说到做到，才能号令三军往前冲。对员工的严格要求，对事情最终的结果近乎偏执的严苛要求，所有这些，经理人没有“冷酷无情”的一面是很难做到的。“道是无情胜有情”，严格即大爱，“无情”的背后一定是员工和企业的快速成长。

职业经理人的角色要求任职人不仅能管人还要能做事，既要动嘴皮子号令三军，也要撸起袖子使劲干。员工缺位了，经理人要能顶上；员工犯错了，经理人要能纠正……总之，经理人就是消防队长，哪有火情往哪冲。如此，不技艺高超能扮演好这类角色吗？

一切的机会均不可能留给行事拖延、左顾右盼之人，当你在深思熟虑的时候，别人早就捷足先登了。在快速变化的移动互联网时代，只能在“跑步中瞄准，而非卧倒中瞄准”。商界更是如此，身手不敏捷，便要落后挨打。

职业经理人最终的价值是要能做对的事情，事情不对，累死了也是白搭。因而，职业经理人一定要能精准锁定目标，并带领团队成员全力以赴、使命必达。

③隐者。

先贤老子在《道德经》里深刻地阐述，最高级别的领导是“无形领袖”，即不用自己操心，下属就会自动自发各司其职地帮助领导达成目标。所以，检验一个管理者水平的高低，不是看他自己多能干，而是让他出差个把月后，看部门里所有的工作是否井井有条、如常推进。如果一个部门离开了主管照样能运转自如，那就真正说明和验证了这个部门负责人的高水准。

能在部门隐身，做“隐者”的管理者即老子所说的“无形领袖”，是最高级的管理者。

④过客。

“铁打的营盘，流水的兵”，一个管理者不能终其一生都在一个部门干事，或者调离或者跳槽，总有离去的时候，说白了，就是“过客”。但是，这种离去有两种境界，也会衍生两种不同的人生。一种是怀念。当你离去时，所有的人都恋恋不舍，这种境界折射出的是成功的人生。另一种是唾弃。当你离去时，所有的人都如释重负，这种状况折射出的是失败的人生。领导别人要有足够强大的气场，而一个经理人真正的气场不是在位时由权力而形成的气场，而是离开时因品格而留存的气场。

另外，好的过客不是你转身而去之时，身后的大厦轰然倒地、化成灰烬；而是你在位时便亲手栽培了接班人，无论你何时离去，接班人都能接棒，使精彩再续，事业更上一层楼。这样的过客，才能称得上“华丽转身”。

（2）企业现状：很缺职业经理人

到目前为止，中国企业的发展史更多的是资源史、机会史和资本史。比如说，有政策资源的支持，就形成了一批国有垄断巨头；踩着改革开放的节拍，敢为人先，先行先试，抓住机会，就成长了一批民营上市企业；借助资本的力量，IPO、并购等，长袖善舞，又造就了一批互联网新贵。但是，资源、机会和资本的狂欢都必须建立在市场的基础之上，失去了市场，狂欢之后必现一堆泡沫。

能紧紧抓住市场的，不是资源、机会和资本，而是一帮实实在在会干事情的人。如果没有人没有团队，给再多的资源和资本，拥有再多的机会，又有谁去具体执行和落实呢？

能否凝聚人，必然和企业的内部管理水平紧密相关，管理强则团队强。而管理的强弱又取决于职业经理人的强弱，经理人强，则管理一定强。

很多企业的经理人是技术或业务出身，自己单打独斗无疑是英雄，但一走上带团队的经理岗位，带出的却是平庸的团队。为什么一流的个人却带出三流甚至末流的团队？这是懂技术而不懂管理所致。

前面所述经理人的四种角色——“梦想家、杀手、隐者和过客”，若要做好，必然要掌握选、育、用、留等最基础的人力资源管理知识和技能。但现状是，有多少企业的部门经理能像熟知业务一样熟知现代人力资源管理的知识并掌握了此间相关的技能呢？

将一个人委任到管理者的位置是一件容易的事，而要真正锤炼出一名合格的职业经理人，对很多企业而言，还长路迢迢，但这又是企业发展所必需的，不容回避，也走不了捷径。培养职业经理人最重要的抓手是首先让经理人成为优秀的人力资源经理。对这一点企业要有清醒的认识并要付诸行动。

未来一定属于在明晰方向的前提下，管理达到了足够水准的企业。

八、人力资源总监是如何炼成的

曾经，我在微信朋友圈看到这样一段文字："人一辈子的学习大致由三大部分组成：第一条是由书本上获得。我们从启蒙教育到基础教育再到高等教育，还有工作后的长期阅读，这归属于学习的塔基。第二条是实际工作中的感悟、短训和自我修炼。从此部分基本可以看到一个人到底能走多远多快多稳，这也是自我学习最重要的一环，形成塔腰，起到承上启下的作用。最后一条是高水平的交流，你选择与谁共友共事，选择接触谁学习谁，这是塔尖。"下面就从这段文字开始，谈谈一位优秀的人力资源总监是如何炼成的。

（1）人力资源总监炼成的塔基

一个优秀的人力资源总监必须具备系统的知识学养。如何夯实这部分基础？我的建议是"三个一"，分三阶段走。

第一阶段：参加一系列人力资源总监实战课程，这是基础部分。这部分的学习，要特别关注课程结构和师资构成。课程结构是否合理，是偏理论还是重实践？是侧重于策略还是重点在谈技术？总监级别的课程结构应该是，在把握大趋势的前提下，适度涉及理论，突出实践，重策略而非基础技术。在师资构成上，最好是理论界大咖+咨询顾问+世界500强企业的在职人力资源总监。要避免单一的师资构成，比如全部都是高校教授。

第二阶段：进修一系列MBA或EMBA课程，这是延伸部分。人力资源管理仅是管理的一个分支，通过MBA或EMBA的学习，能从管理的宏观视角更为精准地理解人力资源管理，对人力资源管理及变革趋势有更为专业的把握。

第三阶段：选修一系列经济学课程，这是提升部分。管理学回答“是什么”，属于应用技术范畴；经济学回答“为什么”，是揭示规律和本质的研究型学科。拥有经济学的底蕴，更能把握管理的规律，无论是思路还是视野、格局，都将对做好人力资源管理产生根本影响。

一个人力资源总监若能分三阶段有目的地去规划自己的学习生涯，将大大提升自己的底蕴。事实证明，没有系统知识结构的人力资源总监，会碰上发展的瓶颈。在学习的过程中，若不进行系统规划，漫无目的，东学一点西学一点，除了浪费时间、精力和金钱，实际上是收不到什么效果的。

（2）人力资源总监炼成的塔腰

一个光有人力资源管理理论和实践经验的人，是做不好人力资源总监的。一个优秀的人力资源总监，一般经历过销售、生产、技术等诸多业务领域的摔打磨砺。懂业务加上懂专业才有做好人力资源总监的基础。

所以，人力资源总监在日常的工作安排中，必须有时间深入到各业务部门了解和熟悉具体的业务工作，学会从业务部门的角度思考人力资源管理的问题，想明白如何做才能帮助业务部门提升绩效。人力资源总监不走出人力资源管理部门，只想闭门造车，是不可能让大家服气和认同的，让人力资源管理帮助企业创造价值也无从谈起。

人力资源总监如何了解和掌握各业务部门的业务知识？“深入其中”是最为关键也最为有效的方法。职场人学习提升最有效的比例是70/20/10，即70%来自工作实践，20%来自别人特别是上级领导的指点和教导，10%来自系统学习的投入。所以，一位人力资源总监若没有时间深入各业务部门去了解业务，其人力资源管理思路就如同曲高和寡，得不到众人的响应，最终落不了地而不了了之。

除了深入各业务部门之外，研读各业务部门出台的相关政策、制度，了解文件及背后的要义，也是快速了解各业务知识的一条便捷的途径。

总之，在实际工作中的感悟和自我修炼是人力资源总监提升自己的重要环节，只有在懂业务的前提下，人力资源总监才能设计好人力资源管理的专业体系，也才能更好地服务各业务部门和企业，进而提升自身的价值。

（3）人力资源总监炼成的塔尖

洞悉行业和专业的发展趋势，并提前做好布局，是一位优秀人力资源总监必须具备的基本素质。人力资源总监要把握趋势和走向，仅把精力放在企业上显然是达不到这个层次的，久了容易“坐井观天”，眼界受限会导致思维受限。正所谓“读万卷书，不如行万里路”，人力资源总监要能创造条件，多出去走走，参加一些高端、权威、专业的论坛或会议，把握前沿思想，洞悉未来发展趋势，特别是要多接触行业内的高人。

高人一般有丰富的阅历和扎实的专业功底，这决定了他们敏锐的眼光和准确的判断力。有时困扰我们的难题，经高人一点拨，立刻“云开雾散”，豁然开朗，真是“听君一席话，胜读十年书”。和什么层次的人交往，会决定一个人前进的速度及能走到什么高度。

经常邀各方高人泡泡茶、聊聊天，应该成为一个优秀人力资源总监的工作习惯。

（4）总经理是决定人力资源总监成败的关键

人力资源总监要想有效地推进人力资源管理的各项工作，总经理的理解和支持至关重要。人力资源总监的成败，从某种层面上讲，与总监和总经理对话时间的长短和深度是密切相关的。总经理愿意坐下来听总监长谈，并且能深入谈，工作几乎成功了一半；否则，工作不可能有成效。所以，影响不了企业高层的人力资源总监，不可能成为优秀的人力资源总监。

当然，让一个日理万机的总经理愿意将时间花在总监身上，完全取决于总监的底蕴和高度。对话时，总监必然要知道企业的发展愿景，并将此与人才战略关联，准确知道企业的痛点和人才管理风险是什么，解决方案是什么，推进过程中的障碍和化解策略是什么，可借鉴的成功和失败案例（别人如何做的）有哪些，做成了对企业和行业有何借鉴，等等。

总之，挂上一个人力资源总监的头衔或许很容易，但要做好人力资源总监的角色并不容易，一句话："自身要有扎实的底蕴，向上要能影响总经理，横向要实现无边界跨部门的协同，对外要能结识高人并与高人携手同行"。这里说的每一条要实现它，其实都挺难，但知难不难，迎难而上，总会见到曙光。

路难走，能走通，方显走路人的英雄本色。

九、企业如何打造百万年薪职业经理群

企业的竞争力跟个人的核心竞争力是紧密相关的。若是千万级企业，对应地要有一批十万级年薪的经理人；若是亿级企业，对应地便要有一批百万级身价的职业经理人。企业如何来打造百万级身价的经理人呢？

首先，要综合分析经理人的三个方面：一个是专业素质；一个是通用素质；一个是核心素质。专业素质看知识、经验、技能等要素；通用素质看上文所说的十二项能力；核心素质重点考察一个人的价值观。

其次，根据测评结果做出使用与培养决策，以保证人岗匹配，最终达到发展人的目的。测评结果就好比给了企业一面镜子，可以照出经理人身上的优势与短板。对优势要进一步引导，让其发挥至极致；对短板要通过培训等各种措施，使其改变和提升。这样有方向、有目的地培养人和发展人，必将实现成就员工、共赢发展的美好愿景。

最后，培养百万身价的职业经理人，不是朝夕之功，必须长期坚持和努力。这就要求企业设定对职业经理人的评价标准，并依标准定期进行评价，根据评价结果做出使用和培养的决策。从标准到评价，再由评价结果到提升与发展，把这样的一个闭环建立起来，并持续去推动，让百万身价的经理生生不息、不断繁衍。

十、CEO如何发挥人力资本效能

当企业的CEO被问及企业发展面临的最重要和最棘手的问题是什

么时，答案通常是“人的问题”。比如：“需要的招不到，招到的不合适，合适的留不住，留住的干不好，干好的不安心，安心的不投入，投入的讲条件，不讲条件的有二心……”

当问及如何解决这些问题时，他们通常会抱怨人力资源部的工作不行。

问题真在于此吗？

站在企业管理的制高点，我们很容易体会到：不管是什么组织，运用何种模式，人力资源管理是否成功，其关键往往不在于人力资源部门，而在于CEO和所有管理者。在人力资源的建设或推进过程中，CEO和各级管理者认识并参与人力资源管理，对促进企业人力资源管理的良性、持续发展至关重要。

无论是CEO还是企业的其他管理者，其肩负的核心使命必然是凝聚一帮人高效地实现组织目标。所以，CEO和各级管理者的工作重心也必然在于带队伍，如果不懂人力资源管理，不参与到人力资源管理的各专业模块的实践中，很难实现从经验管理到职业化管理的转型，不但会直接影响人力资源管理实践的效果，也会直接影响组织目标的实现。

所以，人力资源管理要在企业得以有效推进，并在此基础上实现专业、高效的内部运营管理，驱动组织发展，CEO必然要成为其中的灵魂与核心。比如海底捞的成功，凸显了其在人力资源管理上的独特之处，董事长张勇亲自挂帅，兼任人力资源总监角色一职，很能说明海底捞的人力资源管理为什么能够实践好，并为企业真正创造了可持续的价值。

那么，CEO能为企业人力资本的发展做些什么，又应该做些什么呢？

（1）对公司的价值观和方向进行简明而持续的传播

企业的发展最终会落在两个因素上：一是能否凝聚一帮人，依靠团队而非个人做事；二是这帮人能否将事情做好。

要把一帮人凝聚在一起，除了要有硬性的机制外，更要有团队共同信仰、做人的基本准则和价值观，它们决定人心是否能齐。因而，CEO必须一以贯之地传播正能量，让大家树立正确的价值观，想正事，从而走正道。

将事情做好的关键在于能否将本职工作与企业的大目标关联起来，只有人人履行好自身的本职工作，而这些本职工作又和企业目标相关联，才能借助团队之力实现组织目标。当然，这必然要解决一个前提：如何让大家都知道我们共同的方向在哪里？

（2）创立并促进员工发展的学习机制，促进人的能力提升

人才发展是创造长期价值的关键，所有公司必须依靠这一点，才能历经时间的考验，保持卓越。丰田之所以能保持长盛不衰，并一直在汽车制造行业保持领先地位，跟其“人员增值”理念是紧密相关的，它要求所有制度和管理人员的出发点在于确保每个员工每天都进步一点点！当人的能力发展不能跟上组织整体发展的时候，总有一天，组织必然无法逾越那道因为人的能力不过关而形成的屏障。

（3）制订继任计划，培养核心岗位的接替者

在和很多CEO交流的过程中，我发现他们焦虑的不是产品，不是市场，不是现金流，而是某些核心岗位的骨干：要不没有合适者；要不面对合适的人，管理上处处掣肘。如果一个岗位的工作完全依靠某个任职者，一旦这个任职者离职就没有人能接替而影响工作的话，那么该岗位的任职者十有八九不好管理，甚至企业要被迫出台一些针对个人的特殊政策，从而破坏了整体的人员生态环境。所以，牵头制订继任计划，并身体力行培养继任者理应成为CEO的核心责任。

（4）组织建立一个高效的人力资源管理体系，以整合人的资源驱动组织发展

正所谓好的机制让能三流的人才干一流的活，而差的机制却让一流的人才只有三流的执行力，的确，企业要想整合人的资源驱动组织的发展，建立一套好的制度是关键，而这样的制度至少要体现三个方面的转变：一是能实现从传统人事管理到人力资本运作的转变。传统人事管理更多的工作在于处理薪酬福利和行政事务，而人力资本的运作则要突出人的能力发展并能促进绩效的提高。二是实现从依赖人到依靠程序和标准来做事。过分依赖人会让企业受制于人而影响发展。当前的形势要求企业尽可能地依靠程序和标准来运转，让人更为专业高效地工作。三是

从激励个体到实现整个团队的协作转变。团队的力量是最强大的，如果没有一套好的制度作支撑，凝聚团队最终也可能沦为一句空话。

"以人为本"是任何组织都要坚持的重要原则，也是一个永恒的话题，是一个充满创新的领域，围绕企业愿景、发展目标，专业而精细地开展人力资本工作，投资最小但回报最高，这也正是CEO的使命所在。

十一、管理要有效，育人应有道：以恒安集团为例

一名合格的管理者应该树立培育人的意识，并掌握培育人的方法。

（1）管理者为什么要培育人

现在，几乎所有的企业，无论大小，无论是传统制造企业还是互联网新贵，无论是国企还是民企，都已经意识到管理对企业发展的重要驱动作用。企业在发展过程中必定要发起若干次管理变革，比如著名的恒安集团，从1985年只有十几人的小厂发展成今天拥有近3万名员工、市值超千亿港元的大型上市公司，靠的是什么？一次次的管理变革！恒安特别重视向管理要效益，特别关注运营效率，不断推进管理变革和制度创新，促使企业从粗放式经营向精细化管理转变。

细数不来，恒安的内部管理变革有以下关键的几次：

第一次发起管理变革是在1998年12月，恒安在香港联交所挂牌上市。借这次上市的机遇，恒安聘请香港的普华永道会计师事务所为自己做诊断，以此建立了科学的财务管理制度，并引进ERP系统，使公司能做到财务的事前、事中和事后管理。

第二次发起管理变革，主要是针对利润逐年下滑、营销费用高、企业裙带关系泛滥、管理相对粗放的现状。恒安于2001年8月花费1 000万美元聘请美国管理咨询公司汤姆斯集团进行制度创新与流程再造的内部变革，推行变革18个月后，恒安突破了徘徊6年的10亿港元营收瓶颈，开始快速增长。

第三次发起管理变革是在爆发金融危机的2008年，企业如果不能挺过这次寒冬，就会消亡。此时，销售收入接近1百亿港元的恒安，再次借助外力，聘请美国博斯公司发起了内部管理变革。这次变革的核心是导入目标管理，在确立中长期发展战略的基础上，搭建适应新战略要

求的精益管理体系和绩效管理体系。5年后，恒安销售量实现了翻番，营收达200多亿港元，利润达37亿多港元，妇女卫生巾、生活用纸占有率连续10年保持全国第一。

第四次发起管理变革是在恒安历经12年（2002—2014年）的高速增长后，面临下一个10年能否再续辉煌的问题之际。因而，在2014年3月，恒安携手IBM启动了以供应链整合为核心的管理变革。当年12月，恒安同时携手思爱普与普华永道，打造了一个一体化、精细化的营销与供应链管理体系，实现了移动互联网时代的高效运营。

当然，恒安的管理变革没有就此停下，2016年恒安导入了阿米巴经营体系。

恒安掌舵人许连捷在总结恒安30多年的发展经历时曾说，30年前，在晋江安海东大街，一群对管理、技术、市场一无所知的草根，凭一腔热情与勇气创立了恒安。恒安创业者深知自己的短板，始终把学习与创新作为推动企业发展的动力。从把恒安由安海推向全国，到在香港完成上市，再到持续推进企业的管理变革，恒安的每一步发展都是恒安人不断追求、自我否定、自我改善、自我提升的过程。

从恒安的发展历程来看，管理变革成功也是一家企业成长的重要基因，因此，很多人都问我："管理变革与转型的重心到底在哪里？如何才能成功？"

关键在于人，在于职业经理人。一家企业的强大背后所投射的一定是职业经理人的强大，职业经理人强则管理强，这是毫无疑问的。但当前大大小小的企业中，职业经理人偏业务和技术的居多，有整体管理素质的还比较少，究其原因，具体表现在以下方面：

首先，角色意识不够明朗。很多职业经理人到了管理的位置上还是习惯于撸起袖子自己干。如果不善于整合资源、带领团队去做事，则很难高效达成组织目标。

其次，管理与领导技能普遍欠缺。我这里所说的管理主要是针对"事"的。管理要好，管理基础一定要夯实。具体而言，面对所管理的岗位，管理者能不能做到职责清晰？知不知道每个岗位最终要创造出什么样的价值成果？知不知道用什么方法去衡量每个人是否创造了价值？

有没有做到让每个人享受与创造价值相匹配的薪酬待遇？综合来说，就是要具备打造管理价值链的技能。它包括三点：价值创造、价值评价和价值分配。管理者能不能理清楚这三点，将直接影响到管理基础。基础不牢，地动山摇，内部管理必然是混乱和无序的。

而领导主要是针对“人”的。对人这一块，管理者在下面四点上要有扎实的基本功：第一点，如何做到慧眼识人。选不对人，事情再清晰，都没用。第二点，如何做到高效用人。在8小时工作时间里，管理者可以做到让员工处于工作状态几小时？对于积极工作的员工，管理者又如何确保他们能高效地将事情做对？会不会用人，直接影响产出。第三点，如何做到科学育人。没有企业能做到100%的人岗匹配，面对不符合岗位要求的员工，管理者如何确保他们成长进步？面对已符合岗位要求的员工，又如何让他的能力得到进一步的发展，以达到更高岗位的要求？对于部门内所有的关键岗位，能否培育出合格的接班人？第四点，如何做到真情留人。优秀的管理者，其手下员工的流动率一般比较低。管理者不但要带领员工做事，还要有本领留得住员工，特别是关键岗位的骨干员工。

最后是协作意识和能力比较弱。“一个好汉三个帮”，任何职业经理人的成功，仅靠下属员工的努力那是远远不够的，还要取得跨部门相关业务单元的支持与配合，这就是横向协作。

事实上，高明的管理者往往能够做到让自己主管的部门完全进入自主管理的状态，不必事事操心，而自己呢，则能转身去做横向协作的事情。

在现实中，很多管理者往往在部门事务上焦头烂额，只有在出了事故或达不成目标的时候，才去指责某个部门的工作不力使他们受到了影响，部门和部门之间互相推卸责任，暴露出管理者协作意识和能力的深度欠缺。

所以，管理要成功，首先要保证管理者能进入角色并提升管理技能；否则，任何的管理变革都将流于形式。

那么，管理者如何进入管理角色？要提升什么样的管理技能？

首先，要搞清楚管理者到底是干什么的。

西门子的一位人力资源总监在跨国公司做了10年，在上海小有名气。有一次参加沙龙时，一位同行问他："您10年的成功经验是什么?"这位仁兄回答说："无他，我只是花了80%的时间在搞定我的同事而已。"这里的同事指的是与他同级别或更高级别的其他部门的领导或分管领导，当然包括他的老板。发问者当时就很惊讶："你把80%的时间花在别处，那您的部门不要管理了?"这位总监一听就笑了："如果我的部门需要我花80%的时间去管理，那我就没办法成功了。"发问者更加好奇了："为什么?"这位人力资源总监说："一个部门最终的成功不可能仅靠本部门的努力就可以，需要相关部门的理解与支持，而要取得其他部门的理解和支持，部门负责人必须有更多的时间去进行深入的沟通交流。"发问者又问："那您的部门的工作如何开展?"这位人力资源总监说："很简单，确保每位下属比自己更优秀。比如，我手下的招聘经理，他的招聘理念和技能一定要超过我，否则我用他干吗?"

说实在的，听完西门子这位人力资源总监的成功之道，我发自内心地为他喝彩，因为他真正知道了如何扮演好一位管理者的角色，有清晰的角色认知，这尤其可贵。

管理者的首要使命是带领团队去达成组织目标，那么，团队的成员包含哪些对象？毫无疑问，一定离不开这四种人：

第一种人是属员，也是管理者的直接或间接下属。只有这部分人都能各司其职、尽心尽力，才能通过大家之力实现部门目标。

第二种人是供应商。部门的工作任务仅靠部门成员全力以赴是不可能完成的。比如说生产部门，仅靠生产线上工人的努力，而没有采购部门及时保质保量地供应原材料，"巧妇难为无米之炊"，就无法完成最终的生产任务。而采购部门无疑就是生产部门的供应商，也是生产部门需要整合的团队成员之一。

第三种人是客户。任何部门的工作产出，最终能否产生价值，也就是说部门工作目标能否达成，完全取决于部门所服务客户的满意度。能达到或超越客户的需求，客户自然就会满意，反过来说，部门的工作自然就达到了好的结果。如何洞悉客户的需求并设法满足客户？这个过程也是整合团队、做好团队工作的重要一环。比如上述所讲的生产部门，其客户当然是销售部门，生产部门只有洞悉销售部门对产品数量与质量的要求，并想尽办法去满足，才能最终履行生产部门的应尽责任。

第四种人是资源支持者。任何一个部门的工作要能有效开展，领导的重视和支持非常必要。比如，生产部门的领导是总经理，那么总经理就是生产部门最重要的“资源支持者”。从生产角度去看，设备要进行周期性大修和维护才能满足生产的需求，但如果总经理没有理解为何要大修，他就不会重视，也不会支持，最后可能导致设备罢工。一旦设备罢工，生产任务从何谈起？那时，难道总经理会说当时是因为他不同意设备大修而造成的吗？十有八九首先要生产经理承担完不成任务的责任吧。所以，部门负责人如果不知道该如何整合“资源支持者”这个重要的团队成员，到最后也必然会影响部门的工作，影响自身价值的实现。

显然，管理者要整合属员、供应商、客户和资源支持者等团队成员，还要亲力亲为，投入大量时间去协调、沟通、协作。这就要求管理者从部门具体琐碎的事务及属员管理当中解脱出来，去处理部门周边团队成员的关系。如果按时间分配的话，一个成熟的管理者应该把80%的时间花在处理和整合周边团队成员的关系上，只能分配20%的时间去处理部门事务和管理属员。如果管理者在部门内部投入大量的精力，那么在周边团队成员的关系处理上必然会出问题，最后也会影响部门工作目标的有效达成，影响管理者的最终成就。

很多企业都出现过这种现象：在年终进行考核的时候，生产部门因为没有完成任务而面临拿不到年终奖金的结局。这时，生产部门的经理就不服气了，向总经理投诉：“您扣我们奖金没道理啊，我们的业务完不成，不是我们不努力啊。您看我们每天都在加班加点，我们部门哪个人不是累得半死？我们这样拼命还完不成任务是因为采购部采购的原材料不合格啊，没有原材料，我们拿什么去生产呢？所以，生产任务完不成，这明摆着是因为采购部门不得力啊。他们的错怎么要我们去背锅呢？”

如果总经理是一个糊涂的人，听到生产经理这么一抱怨马上会想“是啊，这的确是采购不力”，转而就去扣采购部门的奖金了。那么，从此以后，企业推诿、扯皮、不负责任的乱象就会层出不穷。

如果总经理是一个高明的人，面对生产经理的抱怨，马上就给顶回去："当然要扣你的奖金，为什么等到任务无法完成了，你才指责是采购部门的责任？平时干什么去了？"言下之意是，扣你平时不作为的奖金。当然，扣完生产部门的奖金不等于放过了采购部门，对采购部门也要追责，还要找到问题的根源，将问题消灭。

高明的总经理这样处理问题，显然不是扣奖金这么简单，而是导向明确管理者的基本责任：部门管理者平时务必要做好跨部门的横向沟通与协作；否则，就是管理者不作为。

所以，如果一个部门负责人平时不花时间去进行跨部门的沟通和协作，处理好与供应商、客户、资源支持者的关系，是很难出成效的。

这里面关键的问题在于：管理者如何能从部门琐碎的事务及属员管理中解脱出来，从而有时间和精力去做好跨部门协作呢？没有第二条路可走，只有让部门内每个岗位的任职人都有能力去承担各自的责任，实现让人人进入"自主管理"的良性运转，才能让自己从部门事务中解脱出来，去整合周边的资源，助力部门取得成功。作为管理者，我们当然要争取做"无形领袖"：不需要过多地操心，下属就会主动帮助你把事情做好。

如何让下属主动作为？管理者一定要具备一种最基础的能力：帮助下属成长，使下属从不行到行、从行到优秀，甚至超越自己。

（2）管理者如何培育人

首先，管理者一定要有培育人的意识，不要认为这是公司或者人力资源部门的事情。例如，美国电话电报公司的培训理念就是70/20/10机制，即一个人在岗位上的能力提升，70%来自工作，工作给予人的回报不仅是工资和奖金，还有能力的提升；20%来自上级领导的指导；10%来自企业统一组织的培训。这也可以看出，美国电话电报公司对管理者要承担教练责任是有明确要求的。再如，大家熟知的海尔，张瑞敏也要求他的管理者要学会经营人而非管理人，经营人的中心思想是"帮助下属成长"。用张瑞敏的话说就是：一个员工本身素质的高低不是管理者的责任，但一个员工在管理者手下做事，他的能力不能得到有效提升，就是管理者的责任。

可见，管理者要掌握培育人的技能，首先一定要转变观念，要清楚培育下属是管理者应尽的责任，是必须要承担的职责。

那么，管理者在育人方面要具备什么样的技能？向大家推荐笔者在研究上千家企业后形成的“管理者育人三三制”理论及实践框架。“三三制”即“三个内容、三条路径、三个步骤”。

①“三个内容”是价值观培育、知识培育及技能培育。

价值观的培育解决人愿不愿意干、用不用心干的问题，知识的培育和技能的培育解决人能不能干的问题。如果一个人知识很丰富，技能也很到位，但是其价值观不正，没有责任心，纵使这个人知识再丰富，技能再到位，如果他不愿意干活或应付着干活，最终也无法帮助企业创造价值。

所以，管理在育人这块不只是向下属传授知识和经验、培育技能，还要为下属灌输正能量。李锦记集团的第四代传人李惠森，不但在企业经营方面取得了傲人的成绩，而且身体十分健康，生活轻松、快乐。他是如何做到“鱼和熊掌兼得”的呢？

这跟他所推行的“自动波模式”是紧密相关的。“自动波”是广东话对汽车“自动挡”的俗称，李惠森借此来形容即便企业领导者不在，大家也能各司其职，朝着一个方向努力，就像驾驶“自动挡”汽车一样。因此，李惠森极力要求各级管理者都成为“教练”，并一再强调：“作为教练不仅要能培育员工的技能，传授知识和经验，更重要的是激发员工的斗志，放大员工的梦想，让员工树立‘赢’的信念。”

李惠森这里讲的“赢”，就是其倡导的价值观之一，指的是保持“赢”的心态，不断突破、勇于创新、永不止步，凡事都要做到最好，敢于追求梦想，不断挑战更高的目标。

技能和知识的传授所产生的力量往往只是一时的，而价值观的宣导所激发出的潜能常常是出人意料的，而且能长盛不衰。

所以，各级管理者在担当教练的角色进行育才的过程中，不能仅有知识和技能的传授，还要有价值观的宣导，三者要平衡推进才能使员工及公司健康发展。

②“三条路径”是上岗培训、适任培训和发展培训。

对于新员工，管理者首先要做好“上岗培训”，让他能快速进入工作状态。上岗培训的侧重点在于使员工明确岗位应承担的责任和要掌握的相关知识，比如产品知识、公司制度、工作标准及工作流程等。员工只有先明确了这些内容，才能更快地上手工作。

“适任培训”一般在员工到岗半年后进行。通过半年观察，管理者要将岗位的胜任素质要求与岗位的任职者逐一进行比较，看看哪些达到了要求，哪些没达到，针对没达到的部分，应该如何做才能使之胜任。适任培训最讲究的是因材施教，做到“缺什么，补什么”。

“发展培训”要解决的是让员工从“行”到“优秀”的转变。比如一个大学毕业生刚进公司，在技术员这个岗位任职。经过“上岗培训”和“适任培训”这两个阶段的培育后，这名员工在“技术员”这个岗位上实现从“不行”到“行”的转变。等到他能非常娴熟地做好“技术员”这个岗位的工作时，管理者就要拿上一级岗位如“工程师”的标准来衡量他，看他与“工程师”这个目标岗位的胜任素质要求相比，哪些条件具备了，哪些条件没具备，然后针对没具备的条件因材施教。一旦他达到了担任“工程师”岗位的条件，也就可以从“技术员”晋升到“工程师”了。通过这样的培育，既使员工的能力得到了提升，也为企业的发展源源不断提供了人才。

③“三大步骤”是需求、培育和转换。

首先，管理者要通过人才盘点及绩效评估等方法，发现下属的不足，明确下属的培育需求，做到因材施教。其次，在培育的过程中，要综合应用多种方法，比如师傅带徒弟、鼓励自学、给予锻炼机会、绩效反馈等，促进员工迅速弥补“短板”，实现“教”的效果。成人学习往往“一听就懂，一看就会，但一转身就忘了”，所以，教练不能光教不练，第三步即“转换”的动作要跟上，否则有可能白教。

关于管理者培育人的经验，再向大家推荐李锦记掌舵人李惠森的三个口诀“忍、狠、度”。

“忍”指的是教练在育才的过程中，看到员工出现一些偏差、失误，没有达到预期时，要先“忍”住，不要马上叫停或者指出问题，而是选择一个合适的时机再提醒他。“忍”就是要给员工发挥的空间，而不是时时刻刻打断员工，每一件事都去干预。在这样的成长过程中，员工的体会更深，学到的知识更多，也会变得更加自信，表现得更加优秀。这才符合教练育才的出发点，也避免走回权利和控制的“传统模式”。

“狠”指的是教练在培养人才的过程中，要始终坚持高标准、严要求，如果发现一些原则性问题，就不能“忍”而是要“狠”。没有原则就没有要求，也就没有标准，大家不清楚什么是对的，什么是错的，哪些能做，哪些不能做，哪些是绝对不能触碰的“底线”。原则被打破一次，就会被不断打破，让企业陷入“无序”的状况。

“度”是“度量”。一个出色的教练应该更多地关注员工，主管的成就感主要来自员工的成长和团队的成功。这就要求主管站得更高，关注大局，着眼未来，敢于用比自己能力强的人，欣赏差异，为员工创造展示才能的机会，帮助员工成长，让下属当冠军，让团队获得成功。这些都体现了主管的“度量”。

“忍、狠、度”是作为教练的管理者需要掌握的艺术。什么时候该忍，什么时候该狠，什么时候该表现度量，都要因人而异、因地制宜。只要我们围绕着出发点和共同目标换位思考，用心体会，灵活应用，就能掌握好“火候”，把握好“度”。

十二、管理者的定位和高效能管理者的七个行为习惯

（1）管理者首先要定位好自己

职场上，对于工作的选择和取舍决定了一个人的职业生涯走向，而选择或取舍工作的首要因素是兴趣。毫无疑问，兴趣能为工作注入活力和生机，让你心甘情愿、满怀热情地投入其中，为这份工作发光发热。工作对于你来说，就是一个享受的过程，每一点的投入都会让你产生愉悦感，进而创造更多的成就。比如马云，之所以在互联网领域能闯出一番大的事业，正是因为他对当时尚无人感兴趣的互联网产生了强烈的兴趣，并且无怨无悔地投入其中，从小的成就开始累积，最后量变产生质变，走向成功。

如果工作无法让你产生热情，每天固定的工作时间对你来说不过是当一天和尚撞一天钟，在整个公司的运转系统中，你不过是一颗默默无

闻的螺丝钉，日复一日，按部就班，无法创造价值，那么你对工作的态度就会变得消极、懈怠。

诺贝尔物理学奖得主杨振宁说："一个人在他有兴趣又有能力的情形下，恰巧他的兴趣和能力与当时有机会发展的研究方向重叠在一起，此时就有了成功的希望。"可见，兴趣是成功的源头，也是产生高效能的根本。

耶鲁大学终身教授、北京大学经济学院特聘教授陈志武在《为什么世界一流大学不爱招中国学生》这篇文章中讲了两个故事并且做了相关评论。第一个是张三（化名）的故事。他出生于国内大城市，高中毕业轻易考上国内顶尖大学，到耶鲁读博士时一直是最优秀的。可是，两年后，正当他全力以赴深入做研究而且已经有出色成果的时候，他却考虑退学回国去做私募股权投资。他对学术研究谈不上有兴趣，之所以选择读金融博士，是因为父母让他这样做。

第二个是来自国内顶尖大学、到耶鲁大学访学一年的经济史博士生。到耶鲁后，他选修了15门戏剧学院的表演课程，他实际上对经济史和经济学没有太多热情，而是更喜欢表演。他之所以选择读经济学博士，是因为父母认为学经济学好找工作。

中国父母都关心子女的教育，在专业方面都倾向于要求甚至不惜逼迫子女学金融这样光鲜的专业，或者学会计这样容易找工作的实用专业！可是，很多父母从来没有问过，更没有想过"什么是最好的学校""什么是最好的教育"。

好与不好，只有基于子女的个人兴趣、偏好、个性和天赋才有意义；否则，不仅没有意义，而且很容易造成天赋与人才的浪费，结果只会是子女学习、工作没有热情，无精打采，每天因为做自己没感觉的学习或工作而特别累，而且会时常抱怨，对生活、工作失去兴趣。父母也会觉得难受，因为他们尽了那么大的努力，陪读那么多年，花了那么多钱，找了那么多人情关系，到最后也没有见到子女有出息。

而对于社会，这同样是最糟糕的局面。如果多数甚至所有家庭都这样不顾子女兴趣去选择学校和职业，最坏的结果就是社会中的各项工作都是那些对此并没有兴趣，更谈不上热情的人在做。这不仅会导致人力资源的整体浪费，而且各项事业都无法做好，更不会有突出的创新。

以上是陈志武教授的观点。的确，高效能首先一定缘于兴趣。并不是所有的人都适合做管理者，很多人选择去做管理者，完全是因为别人的需要，而不是自己的兴趣，其最终的结果一定是平庸的。所以，管理者要进行自我检审，看看自己到底适不适合做管理者，如果不适合，就要果断换岗。

当然，并不是有了兴趣就一定可以做好管理者，还要有实力。除了必要的管理技能之外，一个管理者是否具备良好的行为习惯，也决定了他最终是否能产生高效能。下面就和大家聊聊让管理者产生高效能的七个行为习惯。

（2）高效能管理者的七个行为习惯

①高效能管理者第一个行为习惯：激情。

《中庸》有这么一段话："唯天下至诚，为能尽其性；能尽其性，则能尽人之性；能尽人之性，则能尽物之性；能尽物之性，则可以赞天地之化育；可以赞天地之化育，则可以与天地参矣。"什么意思呢？只有天下最真诚的人，才能够充分发挥自己的天性；能够充分发挥自己的天性，就能够充分发挥他人的天性；能够帮助他人充分发挥天性，就能够充分发挥万物的天性；能够让万物充分发挥天性，就可以帮助天地化育万物；可以帮助天地化育万物，就可以跟天地并列为三了。

跟天地并列为三是多么崇高的目标和多么伟大的结果，而要实现这一结果，就要让一群人发挥天性、共同努力，而要让一群人共同努力，首先要用自己的真诚发挥自己的天性而去感召人。

这与我们讲的激情有异曲同工之妙。做事情首先要有激情才能充分地展现自我，实现自我，并且通过自己的激情感染并调动他人的激情，使整个团队迸发出激情，带领大家全力投入干大事而成就伟业。

纵观历史，那些一呼百应的英雄人物，必定是满怀激情的人。环顾四周，那些充满能量的人一定会在内心洋溢着激情。没有激情的人，就像一颗石子投入大海，泛不起半点波浪。缺乏激情的人，经常在各种挑战面前颓然退下，举旗投降。

管理者一定要把调动人的工作激情视为自己的基本使命，一个无法调动员工激情的管理者，万事休矣。

②高效能管理者的第二个行为习惯：诚信。

诚信是人和企业发展的基石。孔子说：“人而无信，不知其可也。大车无輗，小车无軏，其何以行之哉？”做人没有诚信，不懂得基本的行为要求，就像大车失輗、小车失軏，怎么能行走呢？孔子的学生子夏也说：“君子信而后劳其民，未信，则以为厉己也；信而后谏，未信，则以为谤己也。”君子得到民众的信任，才能动员民众，否则民众认为你在刁难他们；君子得到君主的信任才能进谏，否则君主认为你在诽谤他。

诚信是一份心理合同，是一份非正式的契约，心理合同的本质是对无形的心理内容的期待。你许诺的时候，合同就在对方心中开始生效。如果许诺并没有像你说的那样被兑现，等于你将心理合同单方面撕毁，让对方失望，最后不信任你这个人。

恪守诚信在团队管理中起着重要的作用。管理者办事忠厚诚恳、实实在在、说到做到，就会使团队成员产生信赖感，更好地开展合作；管理者轻诺寡信，一而再地自食其言，必然会引起团队成员的猜疑和不满，打击团队士气，最终影响团队的绩效。

“言必信，行必果”，真正的诚信是行而有果，言为果之始，果为言之归，“一言既出，驷马难追”。拥有“一诺千金”的品格，才会有人愿意长期追随你。

诸葛亮一生坚守诚信，忠于承诺，他在《出师表》中说：“臣本布衣，躬耕南阳，苟全性命于乱世，不求闻达于诸侯。先帝不以臣卑鄙，猥自枉屈，三顾臣于草庐之中，咨臣以当世之事，由是感激，遂许先帝以驱驰。”他感激刘备的诚意，承诺跟随刘备，后来受任于败军之际，奉命于危难之间。他写《出师表》的时候已经实践承诺二十一年。诸葛亮说到做到，用尽一生信守诺言，这种浩然于天地之间的诚信也成就了一个千古名相。

鉴照古今，一个人一定要讲诚信，诚信不足，便没人信任你。一个不能取信于人的管理者，是无法带领团队的，更难以让团队取得成功。

③高效能管理者的第三个行为习惯：责任。

管理者不断挑战自我、承担更多责任，就能获得更多展示自己才华的机会，不断收获成长，为团队做出更大的贡献，自己拥有的天地也将更加广阔。

一个敢于承担责任的管理者，能够产生强大的凝聚力，激发团队成员的潜能。完成任务后产生的成就感会增强团队成员的归属感，让大家感受到自身的价值，使信心更加坚定、协作更加高效。

相信很多人都读过《把信送给加西亚》的故事。这篇文章最先发表在1899年的一本杂志上，后来被收录在戴尔·卡耐基的一本书中。它几乎被翻译成了世界上所有的语言。在这里向大家推荐部分原文：

“当美西战争爆发后，美国必须立即跟西班牙的反抗军首领取得联系。加西亚在古巴的丛林里，没有人知道确切的地点，所以无法写信或打电话给他。美国总统必须尽快与他合作。怎么办呢？

“有人对总统说：‘有一个名叫罗文的人，有办法找到加西亚，也只有他才能找得到。’他们把罗文找来，交给他一封写给加西亚的信。

“罗文拿到了信，把它装进一个油质的袋子里，封好，吊在胸口，划着一艘小船，四天后的一个夜里，在古巴上岸，消失于丛林中。接着在三个星期后，他从古巴岛的那一边出来，徒步走过一个危机四伏的国家，把那封信交给加西亚。”

这个故事的重点在于，当麦金莱总统把一封写给加西亚的信交给罗文时，罗文并没有问“他在什么地方？如何找到？”读者无一例外都在盛赞罗文积极主动承担责任的心态。的确，只有心态上负责任了，行为上才会主动，行动才会更加有效。

管理者要敢于承担责任，首先，愿意积极主动地承担额外的工作，分担团队的压力与责任；其次，当发生问题时，勇于承认错误，敢于承担责任，努力解决问题，并准备好避免问题再次发生的预防措施。

管理者一定要记住：你在一件事情上有多负责任，在这件事情上就有多大的影响力。

④高效能管理者的第四个行为习惯：欣赏。

现代人力资源管理的精髓之一，是把合适的人放到合适的位置上，其核心就是欣赏。企业是一个大系统，涵盖了生产、销售、市场、财务等不同的专业，术业有专攻，人人有性格，如果用一个统一的标准来衡量不同专业的人才，肯定找不到符合标准的人才，但是，当你用欣赏的眼光去寻找，就能从每个人身上找到闪光之处，再用最“合适”的位置来匹配，那么人尽其才就不是难事了。

春秋时，齐国有个名叫夷射的大臣，经常为齐王出谋划策整治别人，被齐王视为近臣。一次齐王宴请，他由于不胜酒力，便到拱门后吹吹风。守门人曾受过刖刑，是个无脚之人，欲向夷射讨杯酒吃。夷射对他很鄙弃，便大声斥责，叫他滚到一边去，还侮辱守门人是囚犯，不配向他讨酒吃！守门人想辩解时，夷射已悻悻离去，守门人十分愤恨。这时因为下雨，宫门前刚好积了一滩水，其状如人的便溺之物，守门人便萌生报复心理。正巧，次日清晨齐王出门时见门前那摊不雅的水迹心生不悦，惊问守门人是谁放肆在宫门前便溺。守门人故作惶恐道：“我不是很清楚，但我昨晚看到大臣夷射曾经站在这里一段时间。”齐王果然以欺君之罪赐死夷射。

听闻这个故事，未免一声叹息。为一杯酒而丧命的确可悲，倘若夷射能有欣赏之态对守门人，守门人能有欣赏心态对夷射，齐王能有欣赏心态对夷射，这三者中间有任何一人心存欣赏，便不至于酿成这样的悲剧。

“士为知己者死”，豪侠之士为了报答他人的知遇之恩，赴汤蹈火也在所不惜，就是因为得到了他人发自内心的欣赏和肯定。可见，欣赏是一种积极的心态，可以激发出他人内在的力量，营造积极的团队氛围，增强企业的向心力。

⑤高效能管理者的第五个行为习惯：无私。

《道德经》说：“是以圣人后其身而身先，外其身而身存。非以其无私邪？故能成其私。”意思是说，有道的圣人遇事谦退无争，反而能在众人之中领先；将自己置之度外，反而能保全自身生存。这不正是因为他无私吗？所以能成就他自身。

周文王有一次问姜子牙：“领导如何开展工作？”姜子牙说：“要安详稳重而心气平静，要宽柔有节而胸有成竹，要善于听取意见而不固执己见。谦虚谨慎而正直，处事公正而不怀私心。”

管理者应做到公、正、明、大。能公，则自然没有私欲；能正，则自然不存偏见；能明，则自然没有隐情；能大，则自然深涵广博。伤害管理者形象的，莫过于私心莅事，私心断事，私心处事。平常人可以有私心，他的私心只局限在一人一身而已；管理者不能有私心，有私心就失去了公心，失去了公心，也就失去了人心，团队将无法凝聚，而最终影响目标的实现。

人活着肯定有自己的目标和想法，达成目标、实现想法的方式有两种：一种是依靠自私的方法得到，不择手段，唯我为先；另一种是凭借无私的付出得到，成全他人，利人利己。两者尽管最后的结果都是“得到”，可过程不一样，带给别人的感觉不一样，达到的境界自然也不一样。管理者如何做到公平公正而摒弃私心杂念？如何舍小我而具大我情怀？那就要在管理的实践中不断修炼自己，能做到去私达公、思利及人的时候，团队正向的凝聚力就此形成。

管理者一定要谨记，心存私心就无法凝聚人心；凡事为公，带领团队才会专业而轻松。

⑥高效能管理者的第六个行为习惯：执着。

《道德经》中说：“言有宗，事有君。”翻译过来就是：“言论有主旨，行事有根据。”一篇文章，如果没有一个主题，往往会让读者不知所云。说话就像写作一样，应该做到“言之有物”，每一句话都传达实意，简洁有力并且弹无虚发。如果只卖弄口才，或者东一句，西一句，让听话的人一头雾水，一定达不到沟通的目的。做事情更是如此，要有目标，且有执着的行动，否则便会影响效率和效果。为了坚定地实现目标，管理者必须避免出现美国心理学家考克斯所称的“羚羊思维”。

一次，考克斯和约翰一起进行了一次凌晨穿越伦吉提大平原的飞行。景色非常优美，他们能看见大象、狮子和大群羚羊席卷着穿过整个平原。他们的非洲导游注意到他们正盯着那一大群羚羊，便沉吟道：“羚羊的数量这么大，真是一件好事啊！否则，这个物种很快就会灭绝。”考克斯问他为什么这么说，他笑了，然后指着一头停止奔跑的羚羊说：“你将会注意到那头羚羊跑不了多远了。它停下来不是因为意识到有什么重要的事情需要思考，也不是因为它累了，而是因为它太愚蠢，以至于忘记了当初它为什么要奔跑。它发现了天敌，本能地逃开，开始向相反的方向跑，但是它忘记了是什么促使它奔跑，甚至有时候是在最不适当的时候停下来。我之前看见它就停在天敌旁边，有时甚至向某个天敌走过去，似乎它已经忘了这就是几分钟以前让自己惊慌失措的动物。如果不是有太多羚羊的话，我想这整个种群将在几个星期之内被消灭干净。”

考克斯听完非洲导游的描述，马上发现在现实的商业世界中，也有类似的现象。很多人为自己设立了一个目标，而且为此也努力了一阵子，但很快就放弃了，理由是：“这太难了，比想象中的难。”然后就永远停在那里一动不动。

管理者要带领团队正确地做事，明确方向并由此确定目标非常重要，这也是做事的基本前提。不过，为了避免上面所讲的羚羊思维，接下来要做的事就是坚持不懈，不达目的誓不罢休。歌德在《浮士德》中说：“始终坚持不懈的人，最终必然能够成功。”

⑦高效能管理者的第七个行为习惯：远志。

“志不立，天下无可成之事。”心存远志永远是成功的第一要素，一个人如果没有远大的志向，必定会被眼前鸡毛蒜皮的小事扰乱心智。《道德经》说：“知足者富，强行者有志。”什么意思呢？知道满足就等于富有，努力不懈的才算有志气。

1940年11月27日，李小龙出生在美国旧金山。因为父亲是演员，李小龙从小就有了跑龙套的机会，于是产生了想当一名演员的梦想。由于他身体虚弱，父亲便让他拜师习武来强身。1961年，他考入华盛顿州立大学主修哲学，后来结婚生子。但是，李小龙在内心深处一刻也不曾放弃当一名演员的梦想。

一天，李小龙与一位朋友谈到梦想时，随手在一张便笺上写下了自己的人生目标：“我，布鲁斯·李，将会成为全美国片酬最高的超级巨星。作为回报，我将奉献出最激动人心、最具震撼力的演出。从1970年开始，我将会赢得世界性声誉，到1980年，我将会拥有1 000万美元的财富，那时候，我与家人将会过上愉快、和谐、幸福的生活。”

写下这张便笺的时候，李小龙的生活正穷困潦倒，不难想象，如果这张便笺被别人看到，会引起什么样的嘲笑。

然而，他把这些话铭刻在心底。为实现梦想，他克服了无数次常人难以想象的困难。比如，他曾因脊背神经受伤，在床上躺了4个月，后来却奇迹般地站了起来。1971年，命运女神终于向他露出了微笑。他主演的电影《唐山大兄》《精武门》《猛龙过江》均刷新香港票房纪录。1972年，他主演了嘉禾电影公司与华纳兄弟公司合作的《龙争虎斗》，这部电影使他成为一名国际巨星——他被誉为“功夫之王”。1998年，美国《时代》周刊将他评为“20世纪英雄偶像”之一，他是唯一入选的华人。

1973年10月，事业刚步入巅峰的李小龙因病去世。在美国加利福尼亚州举行的“李小龙遗物拍卖会”上，这张便笺被一位收藏家以2.9万美元的高价买走，同时，2 000份获准合法印刷的副本也当即被抢购一空，以致拍卖会的主持人大叫：“这就是你以后有必要把想到的事情马上写下来的原因所在。”

李小龙之所以能成为迄今为止在世界上享誉最高的华人明星，与他少年时代就明确写下自己的人生志向并积极地付诸行动是分不开的。

任何人，包括管理者，不立远志不足以成事，但立了远志却没有执着地行动，照样无法成功。一个高效能的管理者，一定是有远大志向且不懈追求的人。

要成为高效能的管理者，首先要定位自己，明确自己是否适合做管理者。只有感兴趣才能保证投入，投入才能保证产出。一个对管理不感兴趣，不想带团队的人，是不可能成为高效能管理者的。另外，决定管理者能否成就高效能的，除了专业的管理技能，还有必备的行为习惯：激情、诚信、责任、欣赏、无私、执着、远志。管理者养成并践行这七个行为习惯，终将成为一名优秀的管理者。